男色英雄圖鑑

前言

近年來，聽到「BL（boy’s love）」一詞的機會逐漸增加，但BL又被稱作「男色」、「男同性戀」，仍舊帶有「異常關係」、「禁忌」等固有印象。

但是，直到明治時代初期以前，「男色」在日本受到的待遇一向與普通男女戀愛同等；再追溯到更早的年代，男色不是異常、更非禁忌，而是再平常不過的事。

從人類歷史的角度來看也一樣，以古埃及為首，所有古代文明都能見到男男相愛的蹤跡。ＢＬ文化綿延不斷，橫跨了所有民族、國家、時代。

我們熟知的歷史人物，也同樣留下了這類遺聞軼事。本書從上述角度出發，聚焦於歷史人物，發掘他們生前交織的愛情樣貌。

歌德有言：「少年愛與人類歷史同樣悠久。」且讓我們一同追溯耽美、深奧的ＢＬ歷史。

目次

第1章 日本的英雄

第2章 世界的英雄

第3章 日本的歷史人物

第4章 世界的歷史人物

琳瑯滿目！ＢＬ小說指南

專欄

第1章

日本的英雄

解說

「小姓」負責照顧武將的生活起居，對於戰國時代的武將而言，將他們當作男色對象是再普通不過的事。當時帶女性上戰場是一種恥辱，因此武將周遭的社會成員清一色都是男性。但是性慾仍然持續累積，尤其武將們過著與戰爭密不可分的生活，那就更不必說了。小姓尚未完全發育成男人，於是在這種狀況下代替了女性的角色。

小姓通常是由家臣的子嗣中選出，家臣與孩子都不認為擔任主君的房事對象是該避諱的事。小姓的家族遭遇危機時，主君會伸出援手；而盡忠盡義、輔佐主君，便是身為臣下的義務，想必家臣與小姓也明白，肉體上的結合能夠加深這種君臣之間的羈絆。男人要接受男人的肉體本是一種折磨，正因如此，更強化了受寵小姓的忠誠心。

小姓同時具有「實用」功能，他們隨侍在武將左右，也扮演貼身護衛的角色，因此除了美貌之外，也必須具備武士的實力。透過武將親自指導，更能將小姓培養成擁有共同價值觀與理念的理想部下，想必這也是一項重要因素。

「寵愛小姓」與時代背景也有關係。當時結婚生子都是政治活動的一環，男尊女卑的現象又比現代更加極端，因此與妻子、側室關係疏離的武將肯定也不在少數。相較之下，小姓對他們來說，則是身心皆能寵愛、理解、疼惜的存在。

深厚的愛有時候也會造成悲劇，例如陶晴賢舉兵，導致主君大內義隆被迫自盡，有一說是因為大內義隆寵愛其他家臣，引發陶晴賢嫉妒所致。但這是極端的負面案例，主君與小姓的關係大部分都帶來正面的效果。例如武田信玄的寵童高坂昌信，便成了上杉謙信軍頭疼不已的眼中釘，這就是特別正向的例子。

愛上美少年動人的舞步
自詡為「日本國王」的男人

あしかがよしみつ
足利義滿

生卒年
1358～1408年

出身地
京都府

類型
攻

繪師／シキユリ

Men's 人物介紹 Profile

歷經動亂，君臨武士與公卿貴族的頂點

第二代將軍足利義詮病逝後，足利義滿繼承父親的位子，年僅十一歲便成為第三代將軍。十五歲時率先整頓政務，於朝廷內亦升任高官。三十五歲時成功與南朝和解，南北朝時代就此結束。

足利義滿控制各地掌權者，鞏固幕府權力，卻在三十七歲時退下將軍職位，隔年轉任太政大臣，亦即公家（公卿貴族）的頂點。又隔一年，足利義滿出家，不過仍以「日本國王」之名推動日本與中國明朝之間的貿易，持續掌權。

出家後居於北山殿，於此建立金閣寺，是室町時代的代表建築。

BL 男色逸話 Episode

對俊美能樂家的寵愛終生不渝

義滿十七歲時觀賞申樂表演，見一名十二歲少年技藝、容貌皆出類拔萃，令他深深著迷，於是把少年帶了回去，這少年便是未來的世阿彌。世阿彌繼承父親觀阿彌的遺志，將當時原本是庶民娛樂的申樂，發展為具有高度藝術性的能樂。

當時的貴族二条良基亦稱讚世阿彌「美得令人目不轉睛」、「世上恐怕再沒有如此俊美的少年了」。義滿對他的寵愛之深，也足以令身邊的親信不滿。也許是因為世阿彌鑽研能樂，追求不受年齡、肉體魅力左右的「真正之花」，因此即使過了少年時期，義滿仍持續給予強力庇護。

領袖魅力 4
桃花度 2
知性 5
富裕度 5
政治力 5

時代背景

鎌倉幕府滅亡後，足利尊氏於京都擁立天皇，建立朝廷（北朝），並建立武士政權．室町幕府。醍醐天皇與足利尊氏敵對之後，於吉野（奈良縣）另立朝廷（南朝），此後南北朝動亂持續約六十年。義滿當上將軍的時候，南北朝之間的爭端已逐漸開始平息。

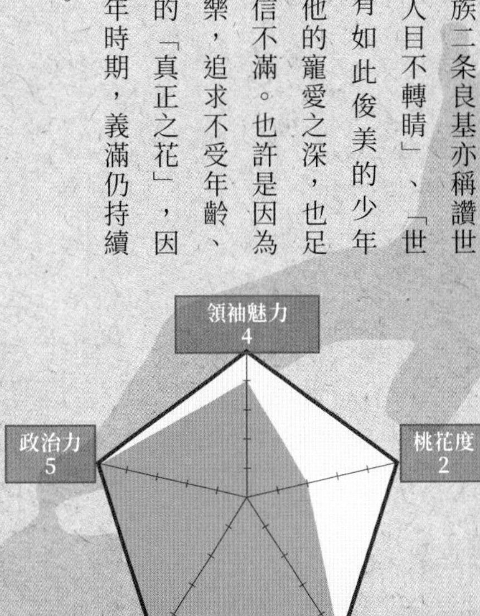

源義經

みなもとのよしつね

受到天狗熱愛
縹緲幻滅的悲劇貴公子

生卒年
1159～1189年

出身地
京都府

類型
受

繪師／汐街コナ

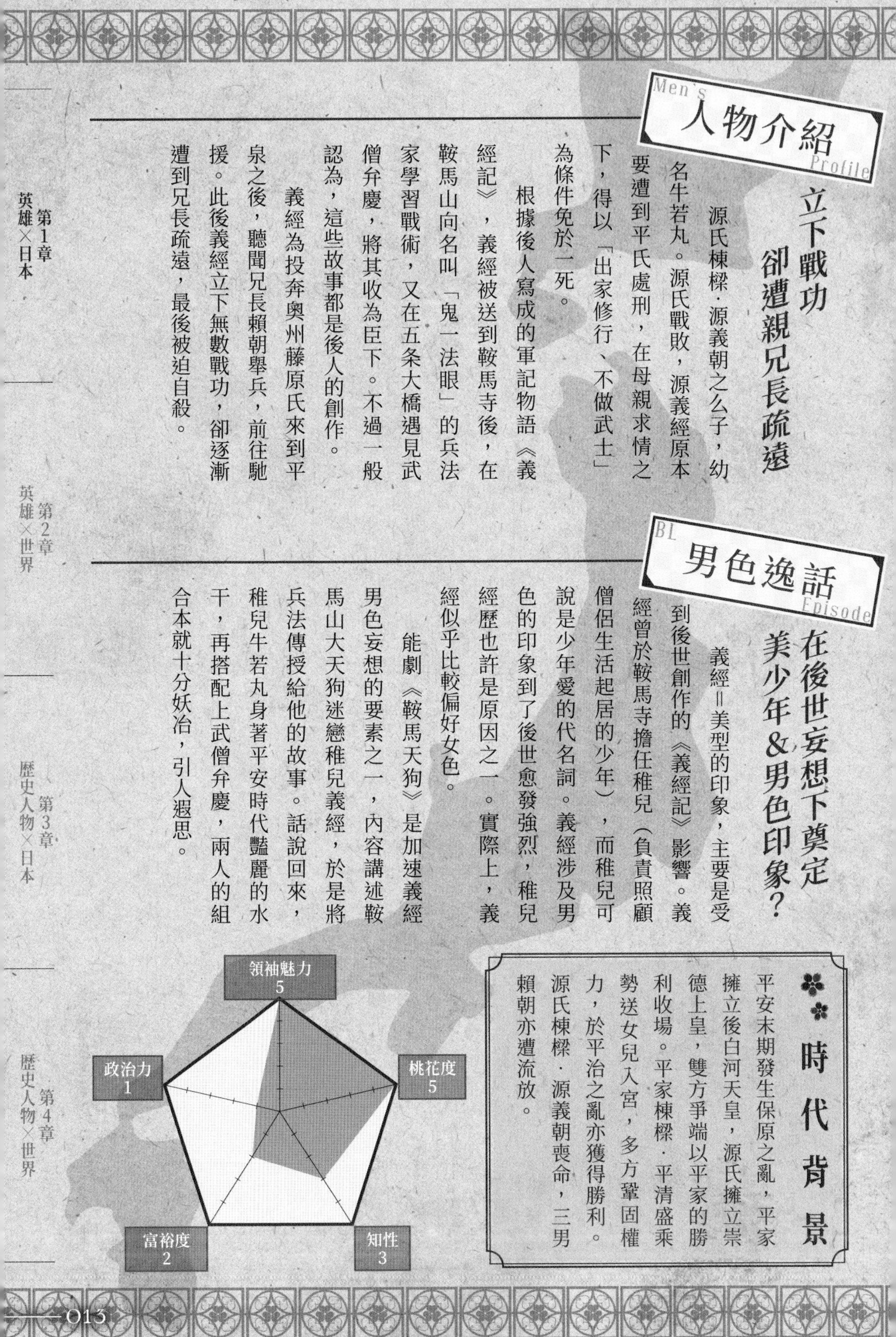

Men's
人物介紹
Profile

立下戰功 卻遭親兄長疏遠

源氏棟樑‧源義朝之么子，幼名牛若丸。源氏戰敗，源義經原本要遭到平氏處刑，在母親求情之下，得以「出家修行、不做武士」為條件免於一死。

根據後人寫成的軍記物語《義經記》，義經被送到鞍馬寺後，在鞍馬山向名叫「鬼一法眼」的兵法家學習戰術，又在五条大橋遇見武僧弁慶，將其收為臣下。不過一般認為，這些故事都是後人的創作。

義經為投奔奧州藤原氏來到平泉之後，聽聞兄長賴朝舉兵，前往馳援。此後義經立下無數戰功，卻逐漸遭到兄長疏遠，最後被迫自殺。

BL
男色逸話
Episode

在後世妄想下奠定美少年&男色印象？

義經＝美型的印象，主要是受到後世創作的《義經記》影響。義經曾於鞍馬寺擔任稚兒（負責照顧僧侶生活起居的少年），而稚兒可說是少年愛的代名詞。義經涉及男色的印象到了後世愈發強烈，稚兒經歷也許是原因之一。實際上，義經似乎比較偏好女色。

能劇《鞍馬天狗》是加速義經男色妄想的要素之一，內容講述鞍馬山大天狗迷戀稚兒義經，於是將兵法傳授給他的故事。話說回來，稚兒牛若丸身著平安時代豔麗的水干，再搭配上武僧弁慶，兩人的組合本就十分妖冶，引人遐思。

時代背景

平安末期發生保原之亂，平家擁立後白河天皇，源氏擁立崇德上皇，雙方爭端以平家的勝利收場。平家棟樑‧平清盛乘勢送女兒入宮，多方鞏固權力，於平治之亂亦獲得勝利。源氏棟樑‧源義朝喪命，三男賴朝亦遭流放。

おだのぶなが

織田信長

縱橫戰國的風雲人物
對「傾奇者」情有獨鍾

生卒年
1534～1582年

出身地
愛知縣

類型
攻

繪師／トミダトモミ

Men's
人物介紹
Profile

統一天下近在咫尺　卻遭部下謀反

織田家原本是斯波氏的家臣，斯波氏乃是室町幕府的「管領」之一。後來織田家以下剋上，取得超越主君的實力。信長手刃親弟弟，歷經幾番波折，從家族奪權鬥爭中勝出之後，擊敗今川義元、齋藤龍興等大名強權，擁戴將軍足利義昭上洛，取得「復興幕府」的大義名分。然而，歷經信長與朝倉義景、淺井長政交戰，以及火燒比叡山延曆寺等事件，義昭內心對信長日漸疏遠。義昭本打算聯合與信長敵對的武田信玄等人，但信玄因病去世，義昭亦遭信長流放。後來信長於「長篠之戰」等戰事中得勝，距離統一天下僅有咫尺之遙，卻在明智光秀謀反下命喪黃泉。

BL
男色逸話
Episode

實際愛過的人　不是蘭丸？

織田信長擁有眾多小姓是事實，不過沒有明確紀錄顯示他貪戀男色。真要說起信長的男色對象，一般公認是家臣森可成的三男，森蘭丸。此一說法應是源自「本能寺之變」時，蘭丸與信長一同赴死的悲劇創作而成。據說蘭丸是細心體貼的少年，是信長口中「值得自豪的臣下之一」。

信長與前田利家之間有段引人遐想的軼聞。利家曾是信長的小姓，據說信長曾在諸多將領面前，說利家是他「疼愛有加的寶貝」。利家與信長同為當時奇裝異服、特立獨行的「傾奇者」，這一點想必也令信長十分中意。

時代背景

「守護」一職原本是為了糾察謀反之士而設立，但各地守護的勢力逐漸崛起，掌握領主之權，成為「守護大名」。應仁之亂後，室町幕府勢力減弱，以致守護大名失去實權，憑藉己身實力「以下剋上」的時代於焉到來。自此，握有實質支配權力的「戰國大名」接連誕生。

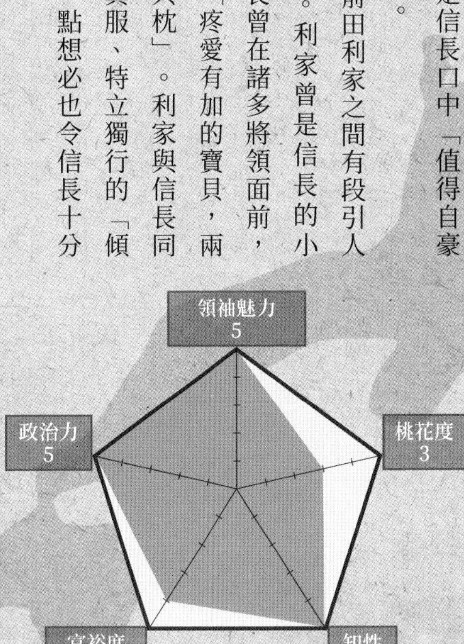

領袖魅力	桃花度	知性	富裕度	政治力
5	3	5	4	5

瀧川一益
たきがわかずます
大放異彩的火槍名手
織田信長旗下四天王之一
生卒年
1525～1586年
出身地
滋賀縣
類型
攻

繪師／白鴇

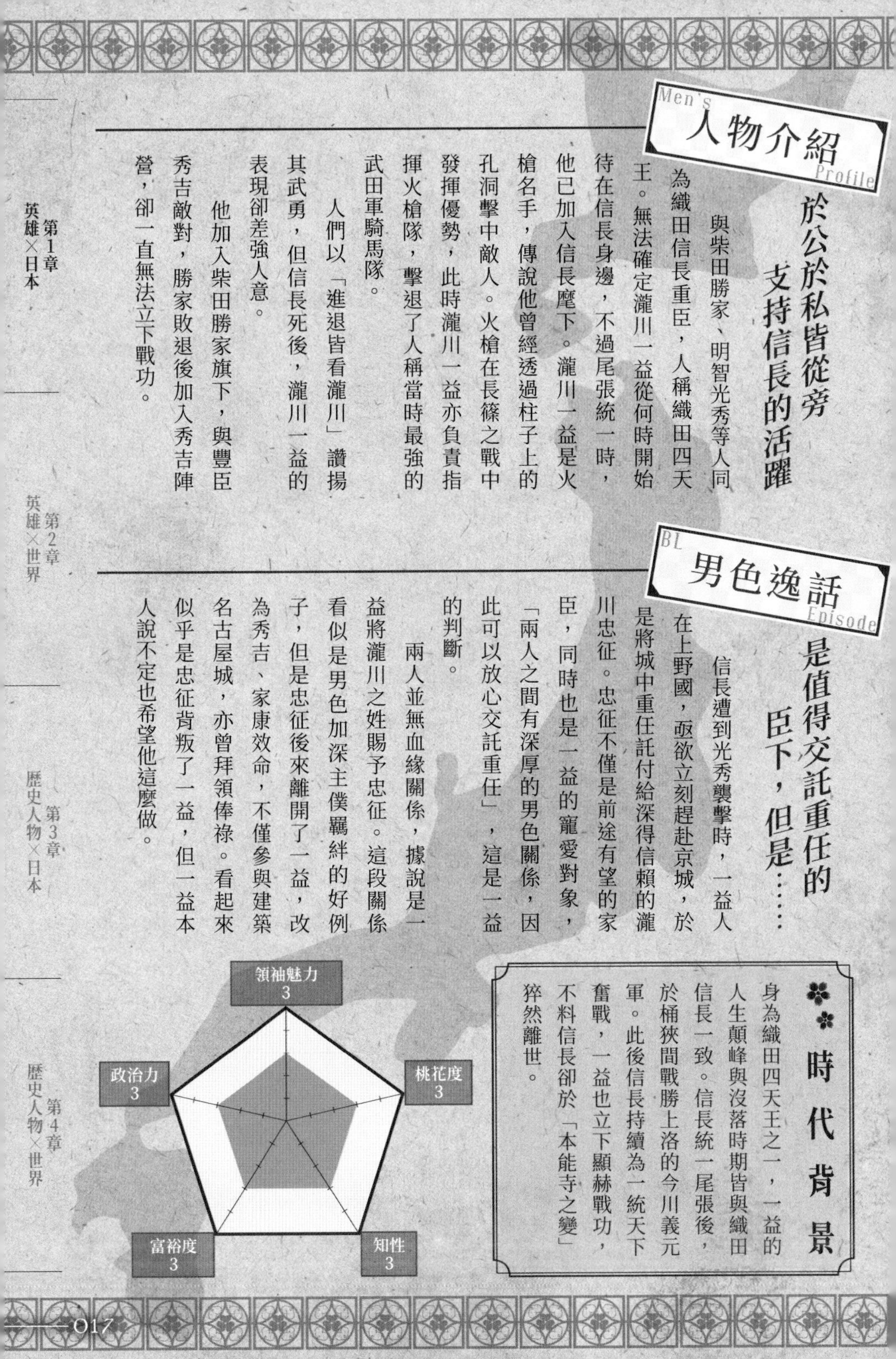

Men's 人物介紹 Profile

於公於私皆從旁支持信長的活躍

與柴田勝家、明智光秀等人同為織田信長重臣，人稱織田四天王。無法確定瀧川一益從何時開始待在信長身邊，不過尾張統一時，他已加入信長麾下。瀧川一益是火槍名手，傳說他曾經透過柱子上的孔洞擊中敵人。火槍在長篠之戰中發揮優勢，此時瀧川一益亦負責指揮火槍隊，擊退了人稱當時最強的武田軍騎馬隊。

人們以「進退皆看瀧川」讚揚其武勇，但信長死後，瀧川一益的表現卻差強人意。

他加入柴田勝家旗下，與豐臣秀吉敵對，勝家敗退後加入秀吉陣營，卻一直無法立下戰功。

BL 男色逸話 Episode

是值得交託重任的臣下，但是……

信長遭到光秀襲擊時，一益人在上野國，亟欲立刻趕赴京城，於是將城中重任託付給深得信賴的瀧川忠征。忠征不僅是前途有望的家臣，同時也是一益的寵愛對象，「兩人之間有深厚的男色關係，因此可以放心交託重任」，這是一益的判斷。

兩人並無血緣關係，據說是一益將瀧川之姓賜予忠征。這段關係看似是男色加深主僕羈絆的好例子，但是忠征後來離開了一益，改為秀吉、家康效命，不僅參與建築名古屋城，亦曾拜領俸祿。看起來似乎是忠征背叛了一益，但一益本人說不定也希望他這麼做。

時代背景

身為織田四天王之一，一益的人生顛峰與沒落時期皆與織田信長一致。信長統一尾張後，於桶狹間戰勝上洛的今川義元軍。此後信長持續為一統天下奮戰，一益也立下顯赫戰功，不料信長卻於「本能寺之變」猝然離世。

繪師／猫屋くりこ

Men's

人物介紹

Profile

率領二十四將軍 為統一天下而戰

本名晴信，信玄乃是出家後的名字。他受到熱中教育的母親影響，自幼接觸各式各樣的學問成長。信玄以體恤臣下與領民的「王道政治」為目標，二十一歲時放逐了施行暴政的父親，成為武田家當主。信玄與幕府、朝廷交涉取得大義名分後，向鄰國信濃進軍，與關東管領·上杉謙信屢次發生衝突。

人事安排上知人善任，並建立優秀的家臣組織，人稱「武田二十四將」，同時採用尊重家臣意見的政治、軍事系統。

信玄剿滅今川氏，為了一統天下持續奮戰，舊疾卻逐漸惡化，最後未能上洛便與世長辭。

BL

男色逸話

Episode

「我偷吃沒有得逞 對不起」

信玄生涯當中伴有肉體關係的小姓眾多，真田昌幸亦為其中一人，不過後世較耳熟能詳的對象，應是同為武田二十四將的高坂昌信（彈正），相傳信玄留下的「偷吃謝罪狀」便是寫給他的。

內容大致如下：「我原想偷吃，但並未得手。我想與你結為情深意篤之交，但越是千方百計，反而引你疑心，我該如何是好？」上述內容竟出自統率戰國最強騎馬隊的戰國大名手筆，實在令人難以想像。不過當時信玄二十五歲，昌信十九歲，以現代眼光看來，信中內容確實與他們的年紀相稱。

時代背景

武田氏是源氏家系的一大勢力，平安時代末葉於甲斐國奠基。曾因族內紛爭短暫分裂，後由武田信虎再度統一。然而信虎向領民課徵重稅，又不重視家臣，問題百出，而且還將長男信玄置之不理，對弟弟信繁疼愛有加。

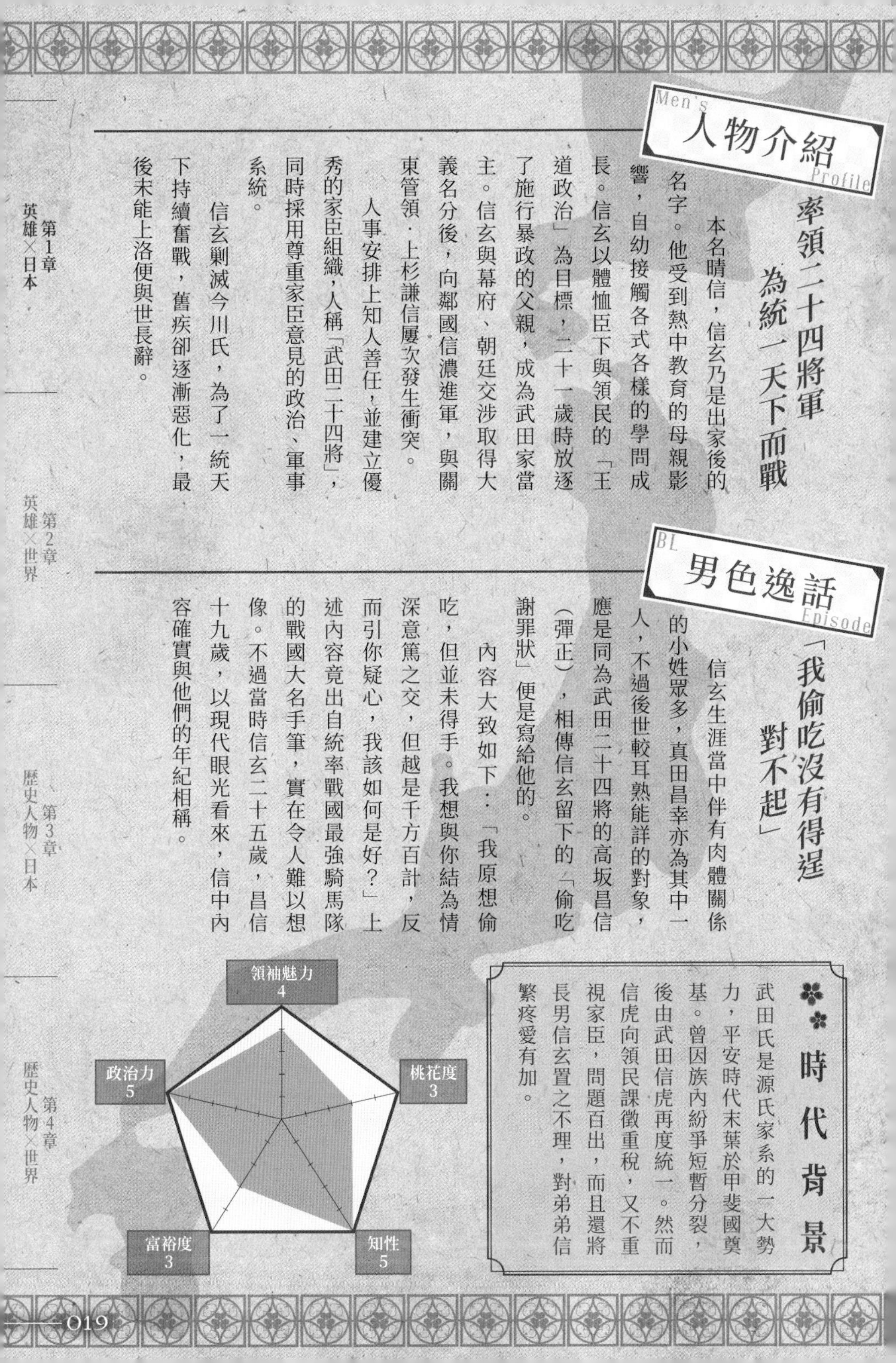

上杉謙信

うえすぎけんしん

一生仗義的軍神
唯有年輕有才的家臣是他的心靈慰藉

生卒年
1530～1578年

出身地
新潟縣

類型
攻

繪師／よるかげ

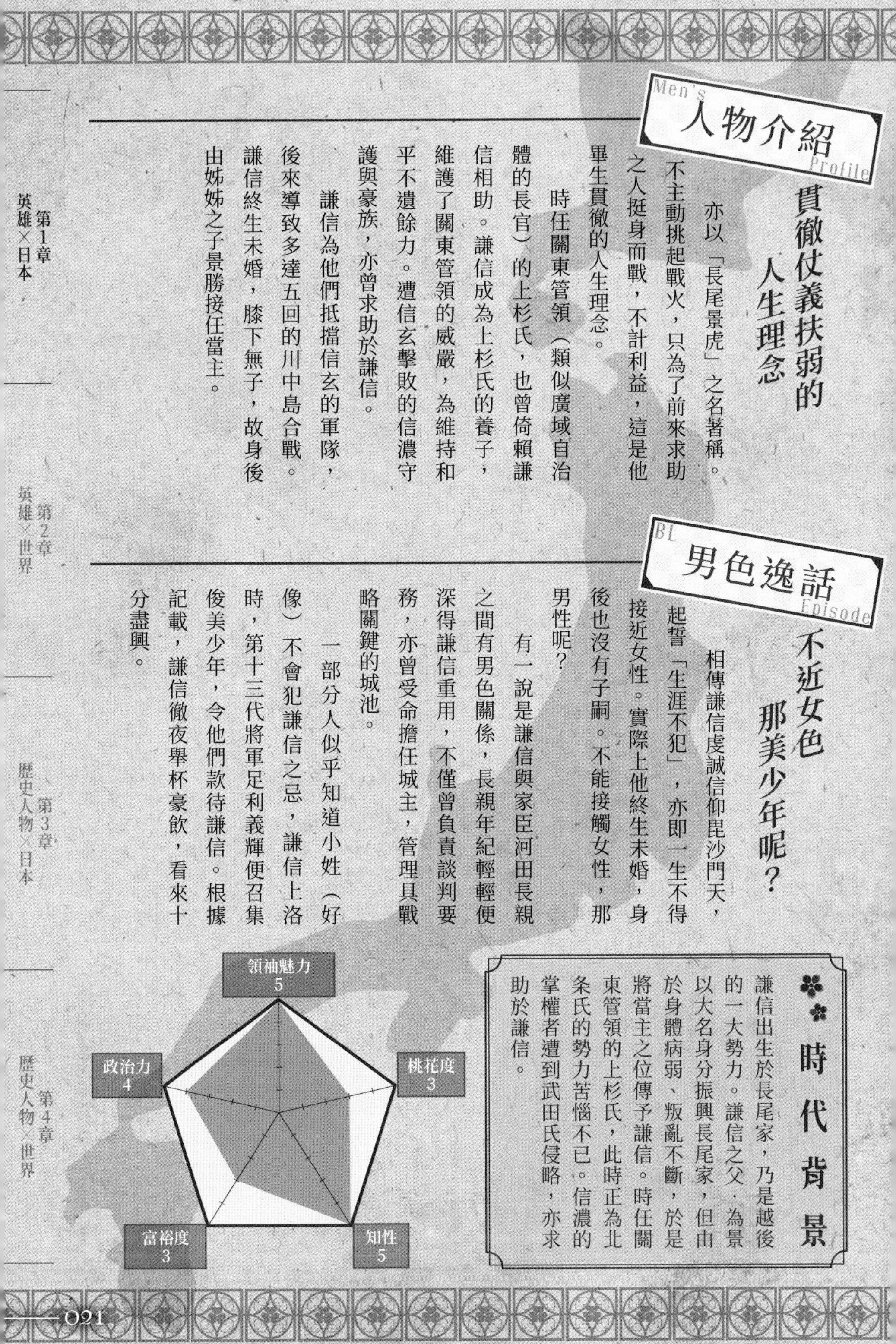

人物介紹 Men's Profile

貫徹仗義扶弱的人生理念

亦以「長尾景虎」之名著稱。不主動挑起戰火，只為了前來求助之人挺身而戰，不計利益，這是他畢生貫徹的人生理念。

時任關東管領（類似廣域自治體的長官）的上杉氏，也曾倚賴謙信相助。謙信成為上杉氏的養子，維護了關東管領的威嚴，為維持和平不遺餘力。遭信玄擊敗的信濃守護與豪族，亦曾求助於謙信。

謙信為他們抵擋信玄的軍隊，後來導致多達五回的川中島合戰。謙信終生未婚，膝下無子，故身後由姊姊之子景勝接任當主。

男色逸話 BL Episode

不近女色那美少年呢？

相傳謙信虔誠信仰毘沙門天，起誓「生涯不犯」，亦即一生不得接近女性。實際上他終生未婚，身後也沒有子嗣。不能接觸女性，那男性呢？

有一說是謙信與家臣河田長親之間有男色關係，長親年紀輕輕便深得謙信重用，不僅曾負責談判要務，亦曾受命擔任城主，管理具戰略關鍵的城池。

一部分人似乎知道小姓（好像）不會犯謙信之忌，謙信上洛時，第十三代將軍足利義輝便召集俊美少年，令他們款待謙信。根據記載，謙信徹夜舉杯豪飲，看來十分盡興。

時代背景

謙信出生於長尾家，乃是越後的一大勢力。謙信之父・為景以大名身分振興長尾家，但由於身體病弱、叛亂不斷，於是將當主之位傳予謙信。時任關東管領的上杉氏，此時正為北条氏的勢力苦惱不已。信濃的掌權者遭到武田氏侵略，亦求助於謙信。

伊達政宗

以勇猛逸話著稱的獨眼龍
所行之道亦熱情如火

生卒年
1567～1636年

出身地
山形縣

類型
攻

繪師／ムラシゲ

Men's
人物介紹
Profile

臣服於秀吉麾下的奧州霸主

擁有「獨眼龍」之稱的伊達家第十七代當主。由於父親輝宗隱居，政宗以弱冠十八歲之齡成為一族之主。繼位後曾經屠殺敵城、將敵將連同遭到挾持的父親一併剿滅等，屢次留下慘絕人寰的事蹟。

二十三歲時擊敗會津的蘆名氏，支配了奧州大半的土地。然而，此時即將一統天下的豐臣秀吉出現在政宗面前，催促政宗歸順。政宗原不予理會，不過最後仍決定歸附。關原之戰時支持德川勢力，戰後拜領仙台六十二萬石，建築了仙台城。

眾人皆知政宗常想出稀奇古怪的主意，例如某次部隊召集遲到，他竟穿上壽衣謝罪。

BL
男色逸話
Episode

為酒席失言拚命謝罪

政宗亦喜好眾道，二十幾歲時寫給家臣的信件中，也留有足以推測是寫給情愛對象的往來紀錄。

政宗五十二歲時寫給心愛小姓的信可是十分火熱。當時政宗在酒席間質疑那位名叫只野作十郎的小姓另結新歡，作十郎一怒之下，拿自己的血寫了一封血書，向政宗主張自己的清白。

政宗慌忙回信，以下是一部分回覆內容：「那是飲酒席間的事，我沒有印象，但正因心中對你深信不疑，才無意間說了重話。其實我多鞏固你我之間的愛情牽絆。」

時代背景

伊達氏自鎌倉時代起便定居於奧州伊達郡，儘管具備實力，卻一直缺乏地位。伊達氏原本受到奧州一大勢力．大崎氏支配，於第十四代稙宗當家時脫離大崎氏獨立。政宗成為當主時，伊達家迎來顛峰期，卻仍不敵逐步統一天下的秀吉。

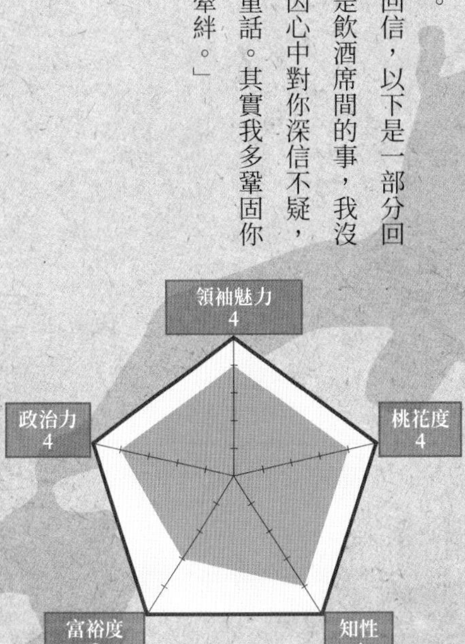

領袖魅力	4
桃花度	4
知性	4
富裕度	3
政治力	4

耽溺文化與學藝
因此失去摯愛與性命

大內義隆

おおうちよしたか

生卒年
1507～1551年

出身地
山口縣

類型
攻

繪師／唯奈

Men's 人物介紹 Profile

西國第一繁華的名門大名

西國第一大名・大內氏第三十一代，同時也是末代當主，二十一歲時因父親過世而繼承當主之位。義隆實施文治政治，愛好學問、文化，容易予人溫和君主的印象，但年輕時亦愛好武勇，面對戰事也十分果敢。

他曾經派兵到對外貿易中心北九州，毛利元就遭到尼子氏襲擊時，義隆亦曾派兵馳援。但是三十六歲時，義隆進攻尼子氏的「月山富田城」遭到慘敗，於此役中痛失養子，因而有所轉變。他不再關心戰事，開始醉心於和歌、連歌、蹴鞠等京風文化，因此家族中武斷派的家臣也愈發不滿。

BL 男色逸話 Episode

遭到昔日寵童背叛

義隆收聘毛利元就之子・隆元與隆景為小姓，尤其格外寵愛隆景。不過說起義隆的男寵對象，首當提起的，該算是陶晴賢了，畢竟義隆是在晴賢逼迫下自刎而死。

晴賢乃是大內家重臣之子，屬於武斷派，年輕時備受義隆寵愛。後世也流傳軼聞，據說義隆與晴賢一同過夜，到了早晨不忍搖醒晴賢便悄然離去，但回房後又放不下心，遣人送信過去。後來晴賢憑藉實力出人頭地，舉兵將義隆逼上死路。晴賢眼睜睜看著義隆變得如此軟弱，那雙眼底想必藏著千頭萬緒吧。

時代背景

大內氏乃是移民後裔，成功與中國進行貿易，以周防國為中心，於中國地方一帶盛極一時，在當時極具勢力。甚至在應仁之亂時，戰亂中無處可去的公卿貴族都前來投靠大內氏，周防國亦極其繁華，有「西之京都」的美名。此外，義隆也允許基督教士傳教。

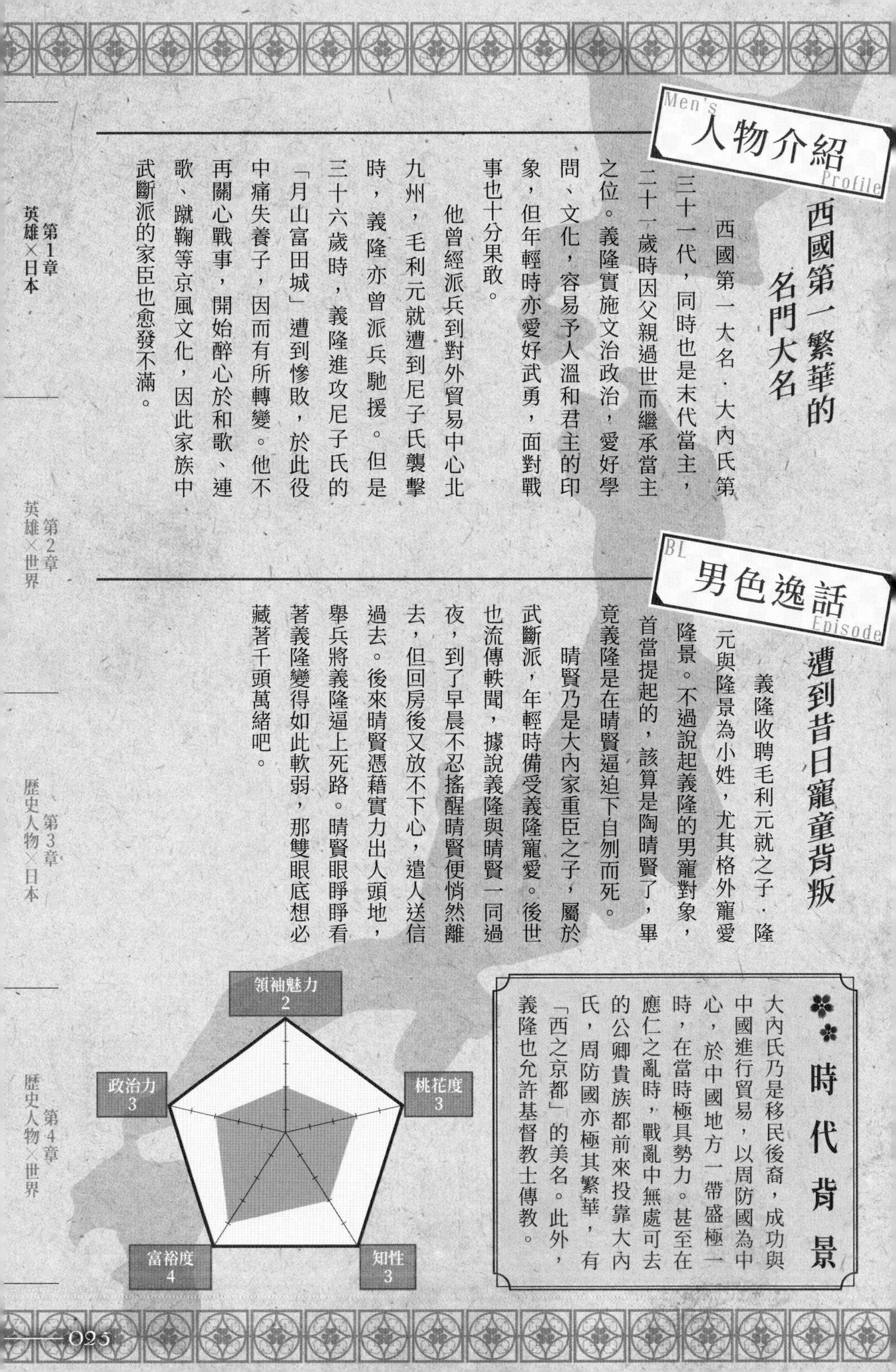

是哪位名將以愛與武勇
支持不屈不撓、伺機取天下的家康？
とくがわいえやす
德川家康
生卒年
1542～1616年
出身地
愛知縣
類型
攻

繪師／シキユリ

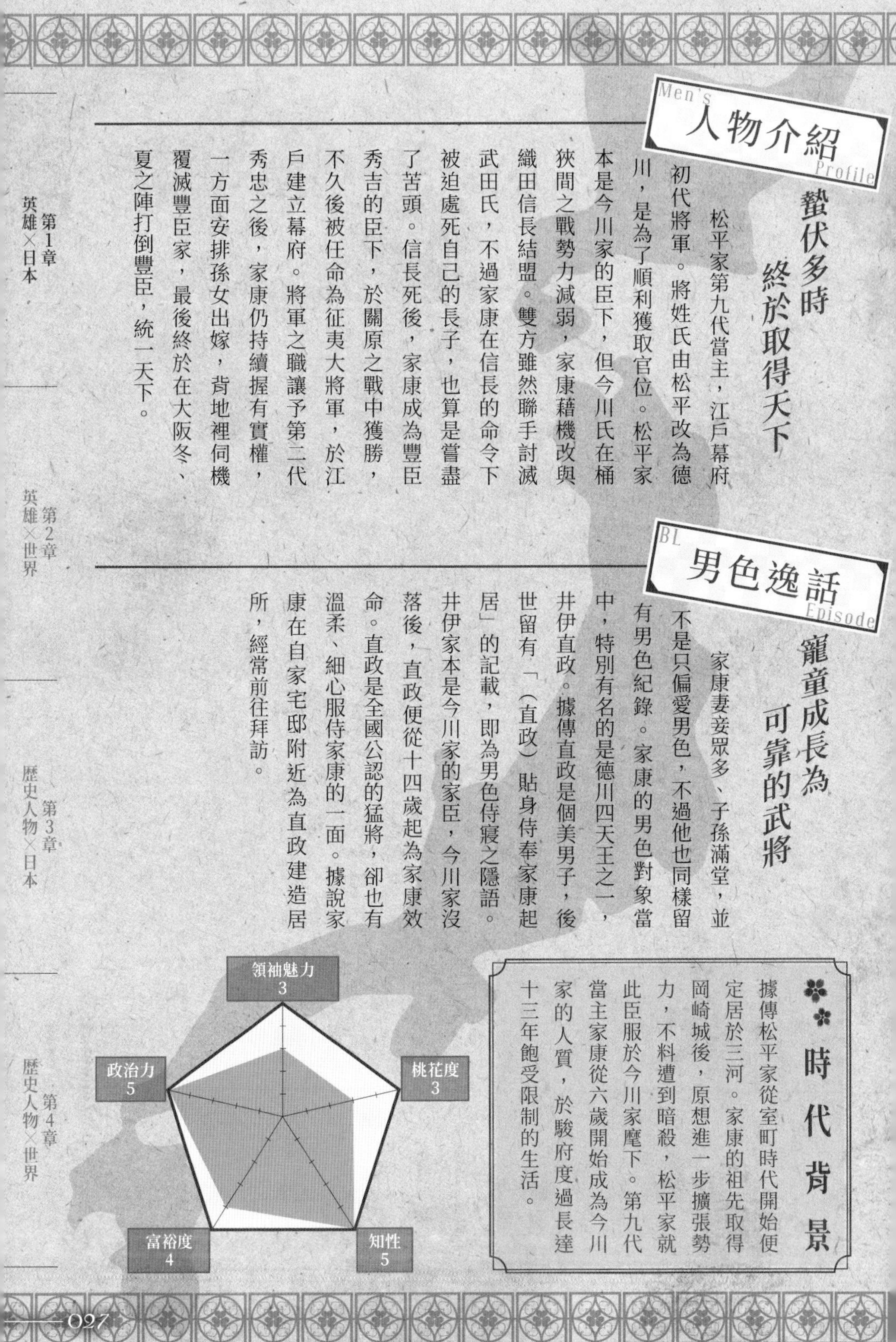

人物介紹 Men's Profile

蟄伏多時　終於取得天下

松平家第九代當主，江戶幕府初代將軍。將姓氏由松平改為德川，是為了順利獲取官位。松平家本是今川家的臣下，但今川氏在桶狹間之戰勢力減弱，家康藉機改與織田信長結盟。雙方雖然聯手討滅武田氏，不過家康在信長的命令下被迫處死自己的長子，也算是嘗盡了苦頭。信長死後，家康成為豐臣秀吉的臣下，於關原之戰中獲勝，不久後被任命為征夷大將軍，於江戶建立幕府。將軍之職讓予第二代秀忠之後，家康仍持續握有實權，一方面安排孫女出嫁，背地裡伺機覆滅豐臣家，最後終於在大阪冬、夏之陣打倒豐臣，統一天下。

男色逸話 BL Episode

寵童成長為　可靠的武將

家康妻妾眾多、子孫滿堂，並不是只偏愛男色，不過他也同樣留有男色紀錄。家康的男色對象當中，特別有名的是德川四天王之一井伊直政。據傳直政是個美男子，後世留有「（直政）貼身侍奉家康起居」的記載，即為男色侍寢之隱語。井伊家本是今川家的家臣，今川家沒落後，直政便從十四歲起為家康效命。直政是全國公認的猛將，卻也有溫柔、細心服侍家康的一面。據說家康在自家宅邸附近為直政建造居所，經常前往拜訪。

時代背景

據傳松平家從室町時代開始便定居於三河。家康的祖先取得岡崎城後，原想進一步擴張勢力，不料遭到暗殺，松平家就此臣服於今川家麾下。第九代當主家康從六歲開始成為今川家的人質，於駿府度過長達十三年飽受限制的生活。

為幕府打下基礎的將軍
長年沒有子嗣箇中原因其實是……
とくがわいえみつ
德川家光
生卒年
1604～1651年
出身地
東京都
類型
攻

繪師／イノオカ

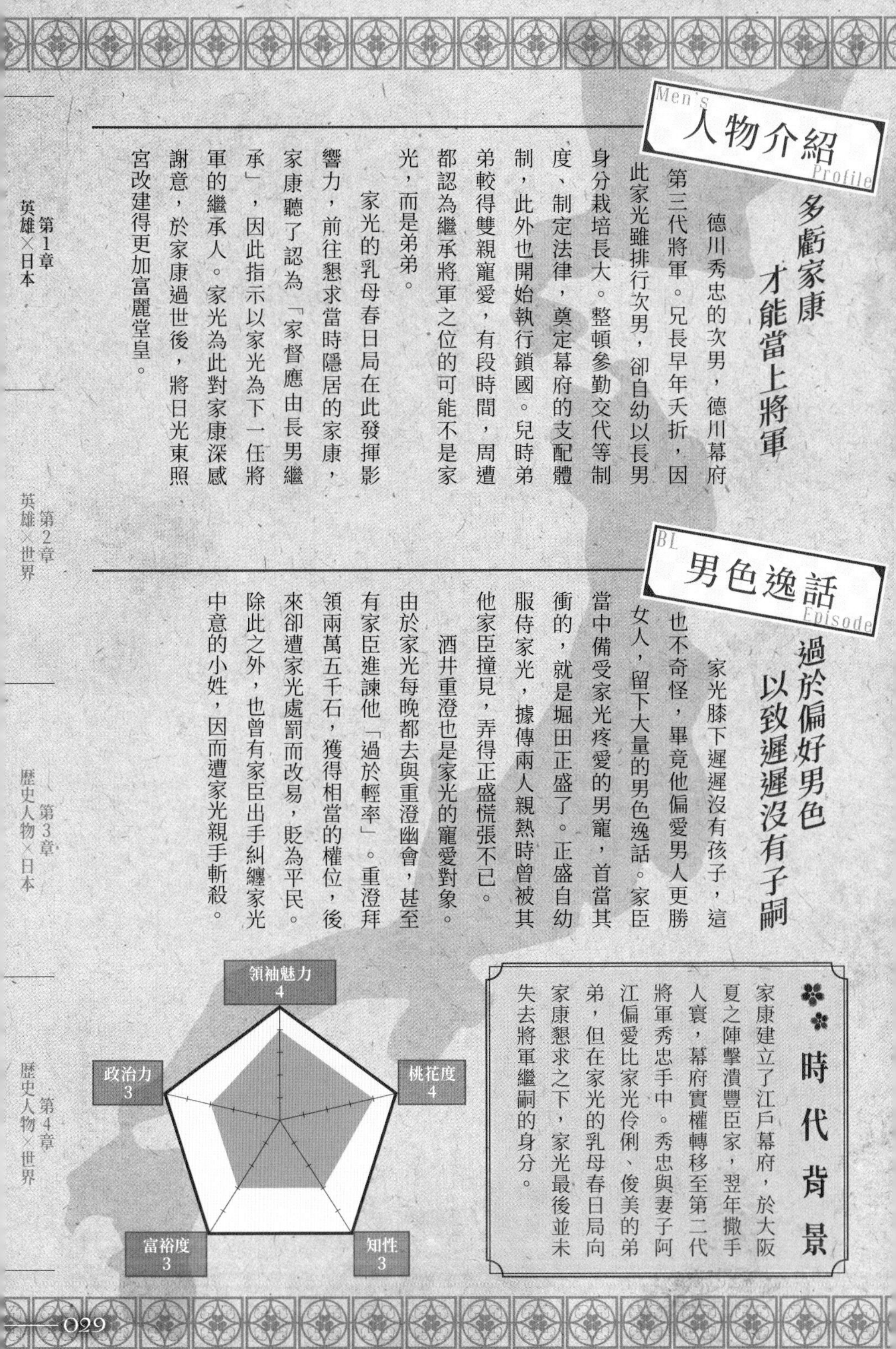

Men's
人物介紹
Profile

多虧家康才能當上將軍

德川秀忠的次男，德川幕府第三代將軍。兄長早年夭折，因此家光雖排行次男，卻自幼以長男身分栽培長大。整頓參勤交代等制度、制定法律，奠定幕府的支配體制，此外也開始執行鎖國。兒時弟弟較得雙親寵愛，有段時間，周遭都認為繼承將軍之位的可能不是家光，而是弟弟。

家光的乳母春日局在此發揮影響力，前往懇求當時隱居的家康，家康聽了認為「家督應由長男繼承」，因此指示以家光為下一任將軍的繼承人。家光為此對家康深感謝意，於家康過世後，將日光東照宮改建得更加富麗堂皇。

BL
男色逸話
Episode

過於偏好男色以致遲遲沒有子嗣

家光膝下遲遲沒有孩子，這也不奇怪，畢竟他偏愛男人更勝女人，留下大量的男色逸話。家臣當中備受家光疼愛的男寵，首當其衝的，就是堀田正盛了。正盛自幼服侍家光，據傳兩人親熱時曾被其他家臣撞見，弄得正盛慌張不已。

酒井重澄也是家光的寵愛對象。由於家光每晚都去與重澄幽會，甚至有家臣進諫他「過於輕率」。重澄拜領兩萬五千石，獲得相當的權位，後來卻遭家光處罰而改易，貶為平民。除此之外，也曾有家臣出手糾纏家光中意的小姓，因而遭家光親手斬殺。

時代背景

家康建立了江戶幕府，於大阪夏之陣擊潰豐臣家，翌年撒手人寰，幕府實權轉移至第二代將軍秀忠手中。秀忠與妻子阿江偏愛比家光伶俐、俊美的弟弟，但在家光的乳母春日局向家康懇求之下，家光最後並未失去將軍繼嗣的身分。

繪師／時々

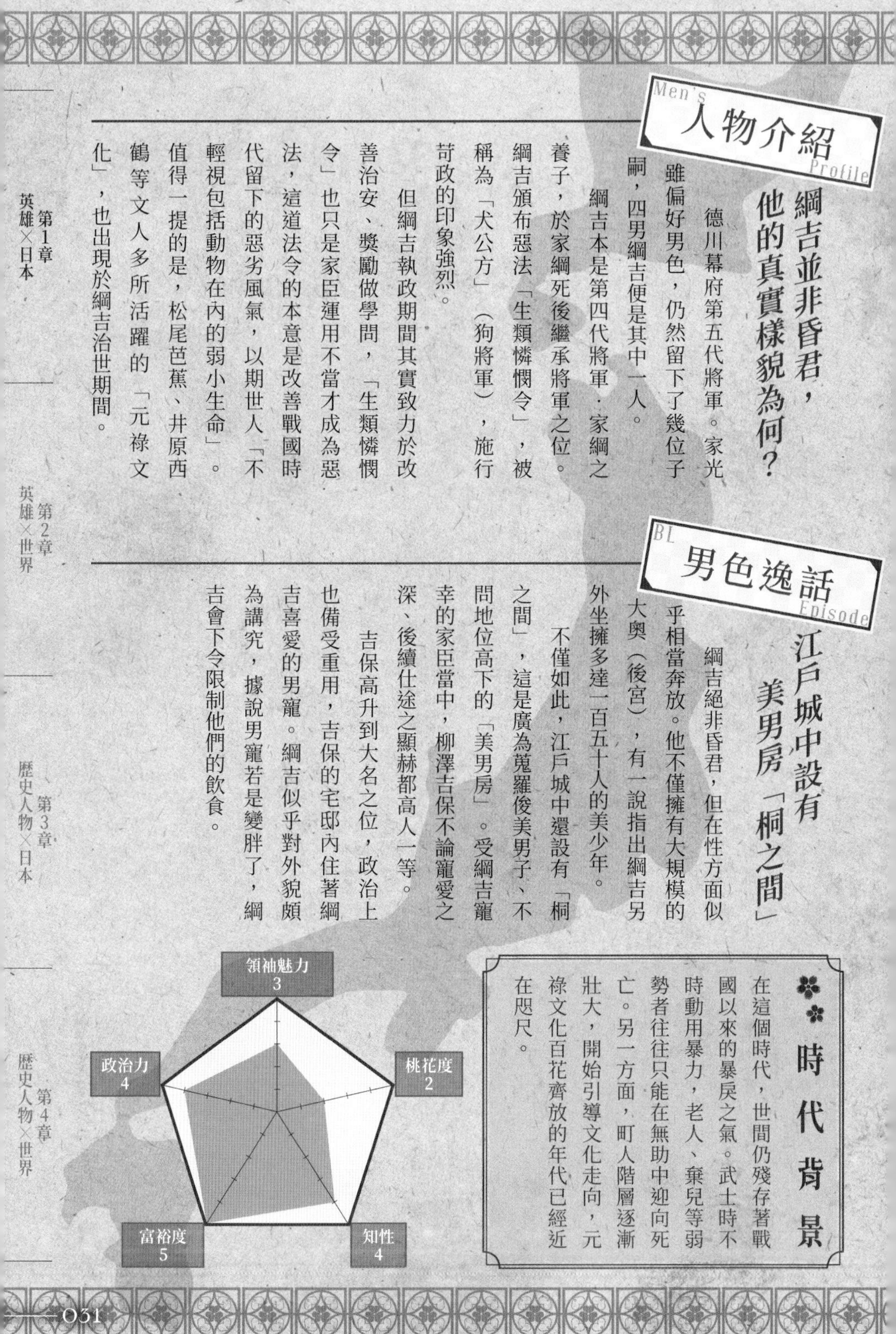

Men's

人物介紹

Profile

綱吉並非昏君，他的真實樣貌為何？

德川幕府第五代將軍。家光雖偏好男色，仍然留下了幾位子嗣，四男綱吉便是其中一人。

綱吉本是第四代將軍．家綱之養子，於家綱死後繼承將軍之位。綱吉頒布惡法「生類憐憫令」，被稱為「犬公方」（狗將軍），施行苛政的印象強烈。

但綱吉執政期間其實致力於改善治安、獎勵做學問，「生類憐憫令」也只是家臣運用不當才成為惡法，這道法令的本意是改善戰國時代留下的惡劣風氣，以期世人「不輕視包括動物在內的弱小生命」。值得一提的是，松尾芭蕉、井原西鶴等文人多所活躍的「元祿文化」，也出現於綱吉治世期間。

BL

男色逸話

Episode

江戶城中設有美男房「桐之間」

綱吉絕非昏君，但在性方面似乎相當奔放。他不僅擁有大規模的大奧（後宮），有一說指出綱吉另外坐擁多達一百五十人的美少年。

不僅如此，江戶城中還設有「桐之間」，這是廣為蒐羅俊美男子、不問地位高下的「美男房」。受綱吉寵幸的家臣當中，柳澤吉保不論寵愛之深、後續仕途之顯赫都高人一等。

吉保高升到大名之位，政治上也備受重用，吉保的宅邸內住著綱吉喜愛的男寵。綱吉似乎對外貌頗為講究，據說男寵若是變胖了，綱吉會下令限制他們的飲食。

時代背景

在這個時代，世間仍殘存著戰國以來的暴戾之氣。武士時不時動用暴力，老人、棄兒等弱勢者往往只能在無助中迎向死亡。另一方面，町人階層逐漸壯大，開始引導文化走向，元祿文化百花齊放的年代已經近在咫尺。

日本的男色元祖竟是那位弘法大師!?

日本的男色歷史是從誰開始的？常見的答案是空海，沒錯，就是日文慣用語「弘法大師也難免寫錯字（弘法も筆の誤り，意指智者千慮必有一失）」當中，大家耳熟能詳的那位弘法大師。

也許是因為與其知名度的落差之大，人們說起男色常提到空海的名字，但空海是否偏愛男色並沒有明確定論。

空海生於西元七七四年，從平安時代開始，以真言宗開山祖師的身分廣為人知。那麼在此之前就不存在男色關係嗎？並非如此。西元七二〇年完成的《日本書紀》、奈良時代的和歌集《萬葉集》等，都留有描寫男色關係的記載及歌謠。

既然如此，為什麼說起日本男色之祖總會提到空海的名字呢？那是因為江戶時代有一位名叫貝原益軒的儒學者，留下了「男色調情之風始於弘法」的記載。貝原益軒是圖鑑《大和本草》、大眾取向衛生書籍《養生訓》的作者，根據他的說法，空海渡唐（當時的中國）除了將密教傳回日本，同時也帶回了男色文化，男色風習就此傳播開來。

平安時代，寺院中侍奉僧侶的少年稱為「稚兒」。稚兒修行之餘必須負責打理雜務、照料僧侶的生活起居，但是據說到了夜深人靜的時候，他們便屢屢成為僧侶的男色對象。僧侶必須戒色，但是到了無法壓抑情慾的時候，便以稚兒為滿足肉慾的對象。

其中也有不少稚兒打扮中性，留著長頭髮、化了妝，還穿上女性的衣服。僧侶將男兒打扮成女性，享受其中悅樂滋味，至於空海是否為其中一人，則沒有定論。

第 2 章

世界的英雄

解說

石器時代的洞窟當中，已經留有推測是表示男男之間存在同性戀愛的壁畫。中國傳說男色起源於黃帝，亦即神話時代的天子；古代美索不達米亞文明，也在傳說當中歌頌男性之間的友愛。換言之，男色在文明發展的黎明期便已經存在。不過話說回來，現已確認猿猴與企鵝等眾多動物都有同性戀的行為，也許無關乎文明成熟程度，動物生來或多或少都帶有同性戀的傾向。

男色在古希臘時代開始形成一個完整的文化。從尚未與神話分化的時代開始，疼愛美少年健壯的肉體，同時於精神面也予以引導，將之培養為獨當一面的成人，這在當時已經被視為一種美德。伴隨男性之間的肉體之愛產生的友情也廣受讚美。

古羅馬文明深受希臘文化影響，同樣盛行男性愛，不過當時認為只有身分卑賤的少年才會成為「受」，獨當一面的男子漢應該貫徹「攻」的角色。就連遠近馳名的偉大將軍凱撒，都遭到少年時期當過「受」的經驗影響，直到後來仍然是眾人揶揄的對象。

猶太教以及從中衍生的基督教，基本上都視男同性愛為惡，這可能是「在遵守宗教規範的前提下繁衍子孫」被視為善的緣故。然而中世紀以後，歐洲也有許

多君主留下同性戀的紀錄，其中亦有不少人因此導致政治上的混亂。他們即使遭到譴責，也幾乎不曾像一般大眾那樣遭到處刑。使用「幾乎」一詞，是因為曾有國王在退位之後，遭人以燒紅鐵棒插進屁股的方式處決。

中國的王與皇帝也喜好男色，例如高祖劉邦以來延續了十三代的西漢皇帝當中，擁有男色經驗的就有十人之多。儘管如此，中國鮮少有皇帝因為耽溺男色而造成世局混亂（雖然不是完全沒有），是不是因為名為宦官的怪物橫行跋扈，以致天子也沒了那個閒工夫呢？

海克力士

亦神亦人
克服諸多苦難的英雄

生卒年
?～?年

出身地
希臘

類型
攻

繪師／猫屋くりこ

Men's 人物介紹 Profile

被父親的正妻盯上，人生路上多災多難

海克力士是萬能之神宙斯與邁錫尼公主．阿爾克墨涅之間產下的孩子，是希臘神話中首屈一指的半神英雄。

打從出生開始，海克力士便遭到宙斯正妻．赫拉憎恨。長大成人之後，海克力士在赫拉陷害之下犯了殺人罪，為了贖罪，他必須遵從邁錫尼國王．歐律斯透斯的命令，完成「十二項偉業」。海克力士與九頭毒蛇海德拉、地獄看門犬刻耳柏洛斯搏鬥，完成使命歸國之後，他的冒險之旅仍然持續不斷。海克力士擁有性慾旺盛的英雄本色，留下一夜之間與五十位女性交歡的傳說。

BL 男色逸話 Episode

水之妖精奪走了他百般疼愛的美少年

據說海克力士也有多位男性戀人，其中最具代表性的是美少年海拉斯。他本來是德律俄珀斯人的王子，海克力士殺死了德律俄珀斯國王之後，從小栽培海拉斯長大，後來帶著他一同乘上尋找金羊毛的船隻「阿爾戈號」。旅途中，水之妖精著迷於海拉斯的美貌，將他擄進水中。海克力士拚命尋找海拉斯的蹤影，但是不僅遍尋不著，阿爾戈號還拋下他倆啟航了。海克力士留在當地繼續搜索，但直到最後仍然不知海拉斯的去向。有一說認為，海克力士與歐律斯透斯之間也曾經有過戀愛關係。

時代背景

萬能之神宙斯，乃是大地之神克洛諾斯和瑞亞之子，於希臘神話時代與其他神祇一同支配世界。希臘神祇帶有人類感情，各神祇之間、神與人之間，產生了各式各樣的故事。尤其宙斯生性花心，儘管懼怕正妻赫拉，仍然與無數女性產下孩子。

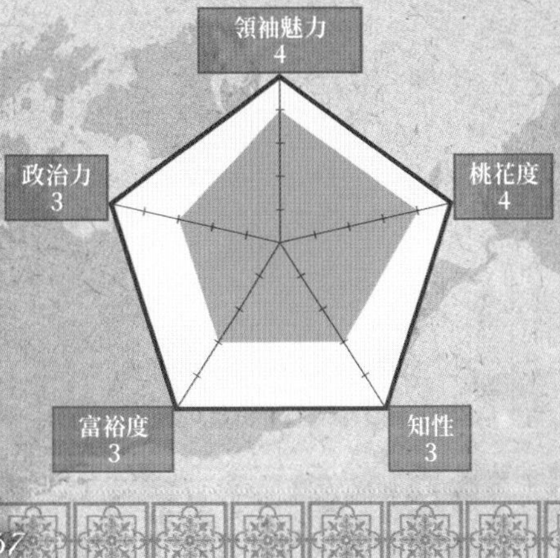

領袖魅力	4
桃花度	4
知性	3
富裕度	3
政治力	3

被神選中的牧羊人
愛著走向破滅的國王之子

大衛王

David

生卒年
西元前1040～
西元前961年

出身地
伯利恆
（巴勒斯坦）

類型 ？

繪師／葉山えいし

Men's
人物介紹
Profile

國王妒火中燒 欲取他性命

以色列開國之王．掃羅在位時，先知撒母耳尋找下一任國王人選，遇見了牧羊人的第八個兒子，大衛。

大衛不僅彈奏豎琴，幫助失去神的恩寵、為惡靈所苦的掃羅王，此外還擊敗與以色列為敵的非利士戰士．歌利亞，可說是大顯身手。掃羅王心生嫉妒，有意置大衛於死地，便再次派他與非利士人打仗，但大衛在戰爭中獲得了勝利。

此後，掃羅王仍然命令兒子約拿單加害大衛，但最後掃羅王自己卻敗給了非利士軍。大衛成為以色列王，統領各方部族約三十年，死後由其子所羅門繼承王位。

BL
男色逸話
Episode

兩人跨越國王的阻礙 彼此相愛

舊約聖經當中，有掃羅之子約拿單「愛大衛就像愛自己一樣」的記載。猶太教禁止男色，這並不是直接的男色表現，不過約拿單自始至終都保護大衛免於遭受父王掃羅的暴虐，掃羅曾責罵約拿單「喜悅耶西的兒子（大衛），自取羞辱」。

大衛與約拿單臨別之際，也留有「二人親嘴，彼此哭泣，大衛哭得更慟」等記載。「哭得更慟」一句，在原文是「超越限度」，有人據此將之解釋為射精。約拿單死亡之際，大衛曾作歌哀悼：「你的深情何其美好，遠勝過婦女的愛情。」

時代背景

時間是西元前十一世紀。先知撒母耳因應民眾的呼求，尋找以色列國王的人選。他揀選了俊美的青年．掃羅，膏立他為以色列的開國之王。掃羅雖征伐了周邊部族，但由於他沒有遵從神的旨意獻祭，撒母耳故此開始尋找新的國王人選。

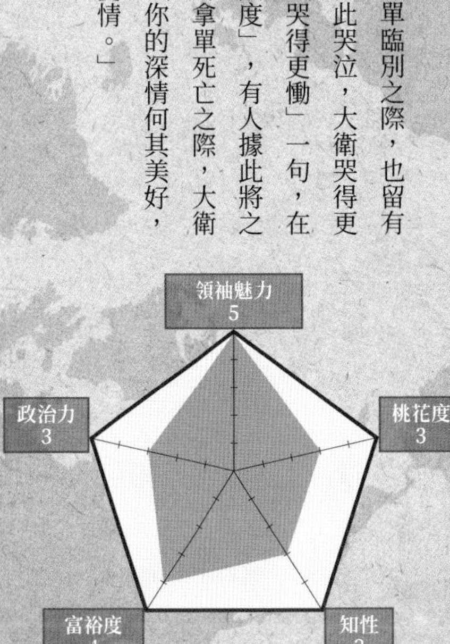

領袖魅力	桃花度	知性	富裕度	政治力
5	3	3	4	3

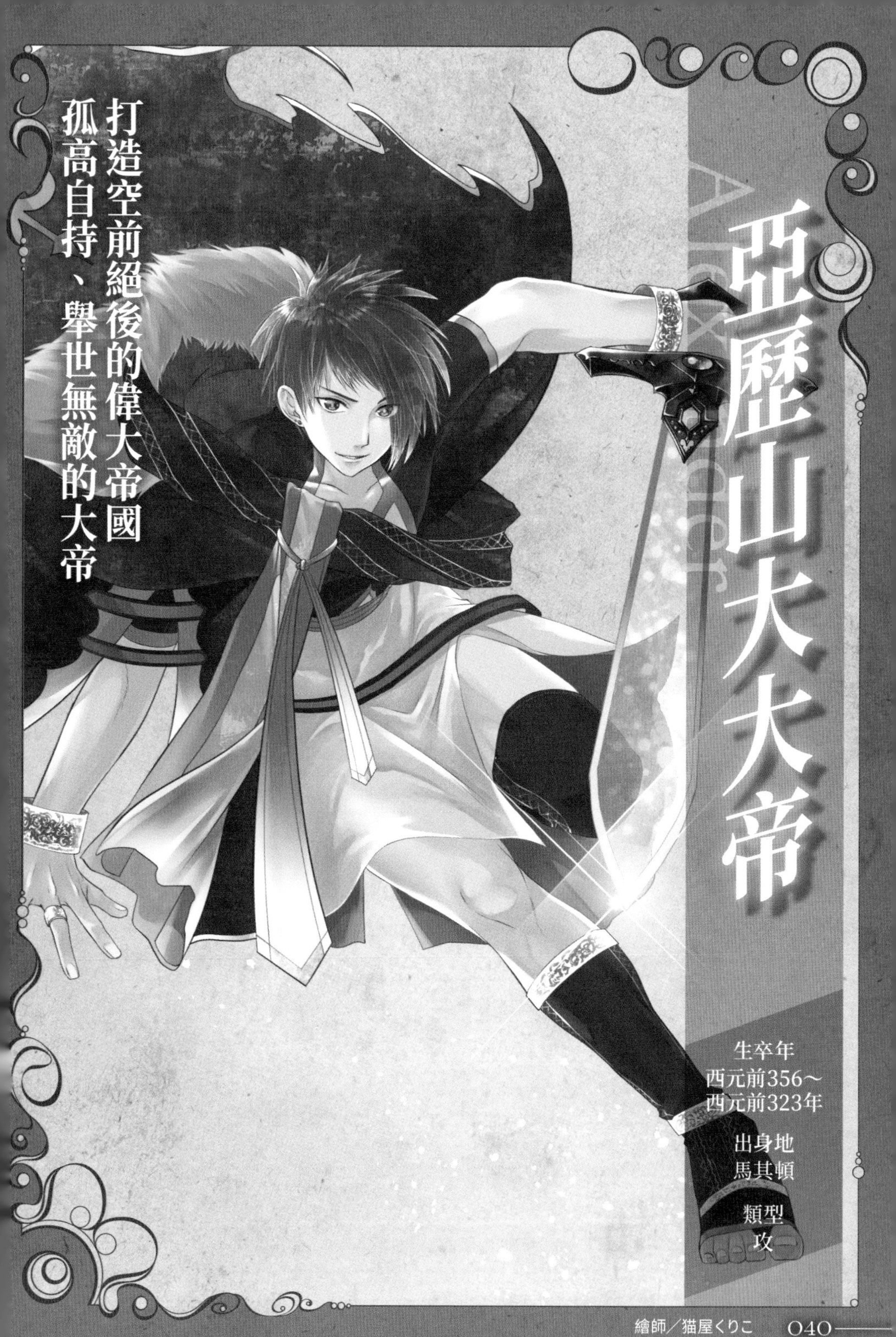

亞歷山大大帝

打造空前絕後的偉大帝國
孤高自持、舉世無敵的大帝

生卒年
西元前356～
西元前323年

出身地
馬其頓

類型
攻

繪師／猫屋くりこ

Men's 人物介紹 Profile

承襲父王偉業 實現東方遠征

實現東方遠征的亞歷山大，在哲學家亞里斯多德的指導下成長，由於父王．腓力二世遭人暗殺，於二十歲時繼承王位，成為馬其頓國王。

鎮壓叛亂之後，亞歷山大著手進行父親沒能完成的東方遠征，消滅大流士三世率領的波斯帝國，一路進軍到印度的旁遮普地區，建立了囊括希臘與近東地區的龐大帝國，打下「希臘化時代」東西文化融合的基礎，亞歷山大本人也娶了異族女子為后。凱旋後，亞歷山大因熱病猝然離世，年僅三十二歲。死後因部將之爭，帝國分裂為四個國家。

BL 男色逸話 Episode

大帝愛的是 童年玩伴與宦官

有一說指出，馬其頓貴族之子赫菲斯提翁不僅是亞歷山大的兒時玩伴、是他的親信兼戰友，同時也是他深愛的男色對象。赫菲斯提翁死於亞歷山大過世前一年，當時亞歷山大砸下重金為他厚葬，還為赫菲斯提翁建了紀念碑。亞歷山大一生屢遭部將背叛，也許正因如此，自始至終值得信賴的赫菲斯提翁撒手人寰，才更加令他痛心。亞歷山大亦曾寵愛過波斯王手下的年輕宦官巴戈阿斯，傳說亞歷山大對他的愛「近乎癲狂」，兩人還曾經在劇場當著眾多觀眾的面接吻。

時代背景

馬其頓木材資源豐富，藉木材貿易累積了財富，屢次遭到異族侵略。腓力二世驅逐了侵略者，並致力改善內政、外交，後來甚至征服了希臘諸城邦，卻在東征之前因同性戀糾紛遇刺身亡。

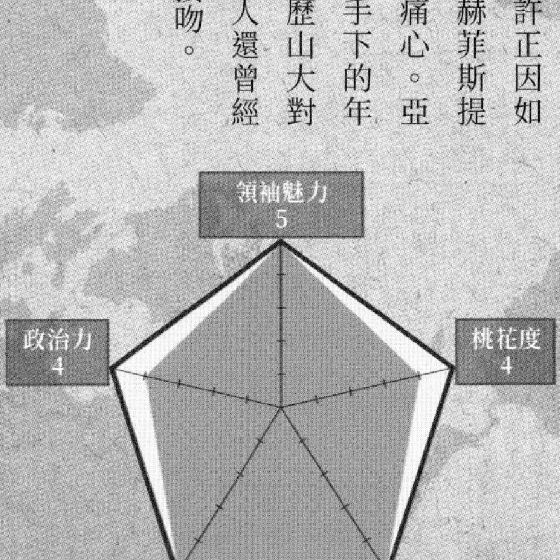

領袖魅力	5
桃花度	4
知性	5
富裕度	5
政治力	4

尤利烏斯・凱撒

Julius Caesar

「禿頭色狼」
對男人也積極進攻？

生卒年
西元前100～
西元前44年

出身地
羅馬

類型
可攻可受

繪師／そらお

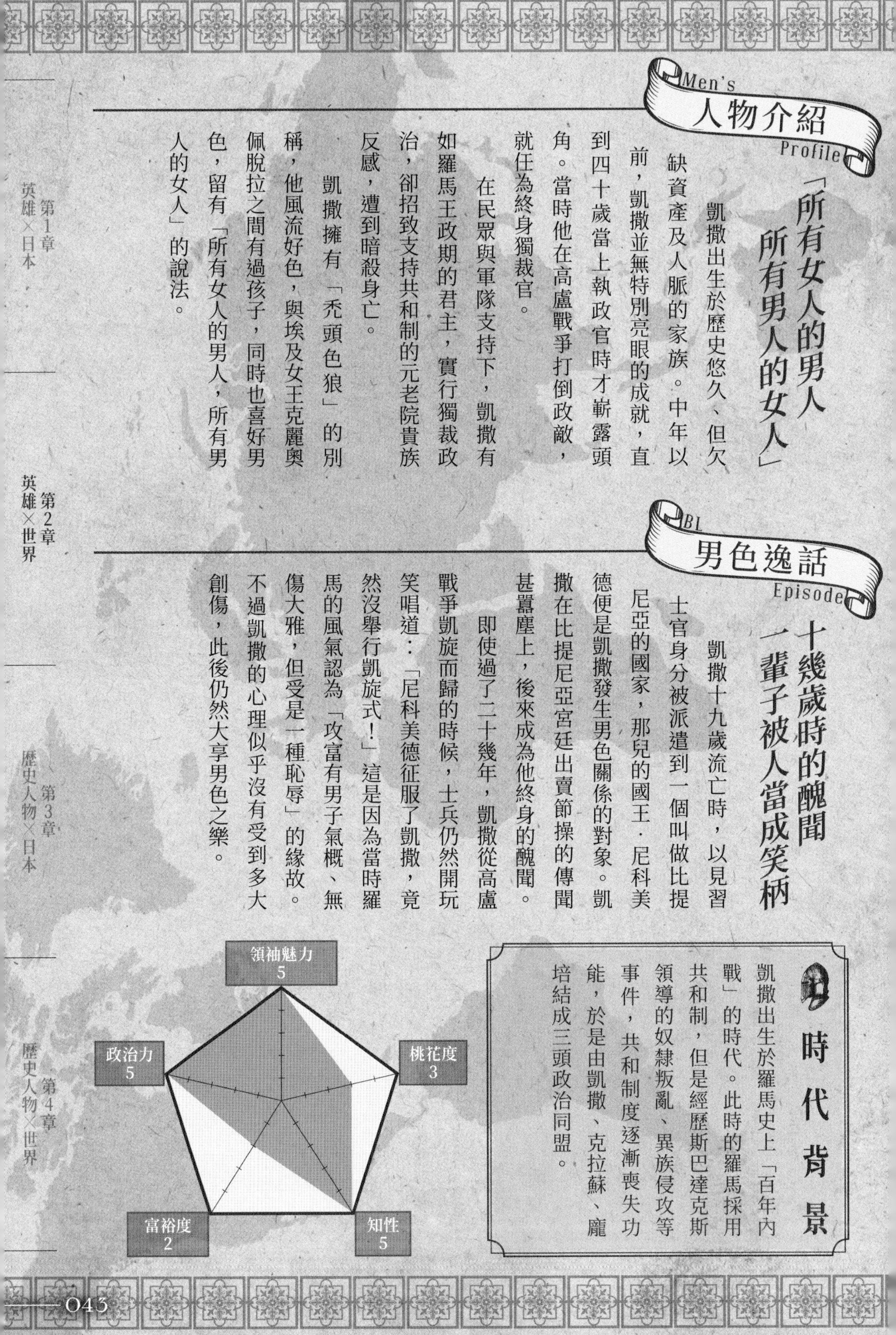

Men's 人物介紹 Profile

「所有女人的男人 所有男人的女人」

凱撒出生於歷史悠久、但欠缺資產及人脈的家族。中年以前，凱撒並無特別亮眼的成就，直到四十歲當上執政官時才嶄露頭角。當時他在高盧戰爭打倒政敵，就任為終身獨裁官。

在民眾與軍隊支持下，凱撒有如羅馬王政期的君主，實行獨裁政治，卻招致支持共和制的元老院貴族反感，遭到暗殺身亡。

凱撒擁有「禿頭色狼」的別稱，他風流好色，與埃及女王克麗奧佩脫拉之間有過孩子，同時也喜好男色，留有「所有女人的男人，所有男人的女人」的說法。

BL 男色逸話 Episode

十幾歲時的醜聞 一輩子被人當成笑柄

凱撒十九歲流亡時，以見習士官身分被派遣到一個叫做比提尼亞的國家，那兒的國王·尼科美德便是凱撒發生男色關係的對象。凱撒在比提尼亞宮廷出賣節操的傳聞甚囂塵上，後來成為他終身的醜聞。

即使過了二十幾年，凱撒從高盧戰爭凱旋而歸的時候，士兵仍然開玩笑唱道：「尼科美德征服了凱撒，竟然沒舉行凱旋式！」這是因為當時羅馬的風氣認為「攻富有男子氣概、無傷大雅，但受是一種恥辱」的緣故。不過凱撒的心理似乎沒有受到多大創傷，此後仍然大享男色之樂。

時代背景

凱撒出生於羅馬史上「百年內戰」的時代。此時的羅馬採用共和制，但是經歷斯巴達克斯領導的奴隸叛亂、異族侵攻等事件，共和制度逐漸喪失功能，於是由凱撒、克拉蘇、龐培結成三頭政治同盟。

繪師／汐街コナ

Men's
人物介紹
Profile

殺死血親與恩師 染滿鮮血的人生

羅馬帝國第五任皇帝，於義叔父克勞狄烏斯死後即位。有一說認為克勞狄烏斯是遭到尼祿之母阿格里庇娜毒死。尼祿執政初期，在哲學家塞內卡等人的輔佐下實行仁政，另一方面卻遣人暗殺義父的親生兒子。最後尼祿與母親不合，弒母之後將二位妻子與塞內卡等人都逼上死路。

尼祿對基督教徒的迫害也十分有名，他宣稱羅馬大火是基督教徒縱火造成，因而將他們處死。尼祿猖狂的行徑多不勝數，但他也喜歡氣派的表演，曾經舉辦藝術慶典，受到民眾歡迎。

BL
男色逸話
Episode

不論攻受 都全力以赴

不論男色與否，尼祿都留下了大量瘋狂的淫行紀錄。例如將男女綁縛起來，尼祿身披獸皮猛衝上去洩慾，最後由已獲解放的奴隸多利弗魯斯讓他「達到高潮」。尼祿曾經舉行結婚典禮，「嫁給」多利弗魯斯，行房時則模仿處女破瓜的哀號取樂。

和美少年斯波羅斯在一起的時候，尼祿則是「攻」的一方。斯波羅斯長相神似尼祿一怒之下踢死的第二任妻子，不知是否為了追求亡妻往日的音容笑貌，尼祿不僅讓斯波羅斯穿著女裝，甚至將他去勢。兩人一樣舉行了結婚典禮，還一起度了蜜月。

時代背景

羅馬帝國第三任皇帝卡利古拉以殘虐聞名，他遭人暗殺身亡之後，由第四任皇帝克勞狄烏斯繼位。克勞狄烏斯的第四位妻子阿格里庇娜，不僅是卡利古拉的妹妹，同時也是克勞狄烏斯自己的姪女。尼祿是阿格里庇娜前夫的孩子，為了讓尼祿當上皇帝，她使盡了各種計謀。

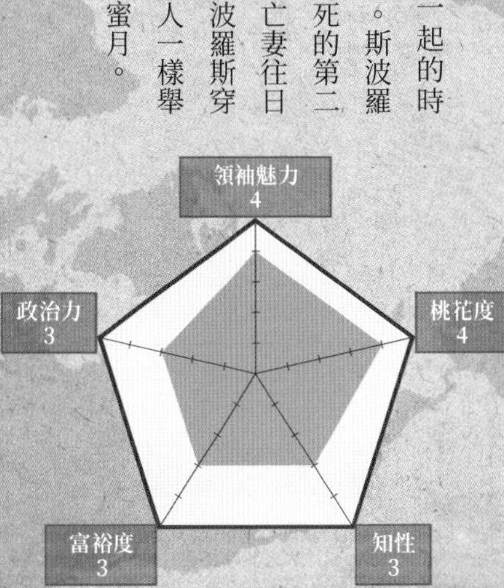

領袖魅力 4
桃花度 4
知性 3
富裕度 3
政治力 3

赫利奧加巴盧斯

Heliogabalus

諸多反常行為
在羅馬帝國史留下一抹異樣色彩

生卒年
204～222年

出身地
敘利亞

類型
受

繪師／ミカミ

Men's 人物介紹 Profile

美少年異教神官的羅馬末路

帝國第二十三任皇帝。赫利奧加巴盧斯原本是敘利亞的少年神官，服事原住民族的神明。但其祖母利用了羅馬暴君卡拉卡拉之死，宣稱孫子承襲了卡拉卡拉的血脈，赫利奧加巴盧斯因此當上皇帝。

赫利奧加巴盧斯是十四歲即位的少年皇帝，在位期間僅有四年，卻可說是羅馬帝國史上行徑最奇特的一位皇帝，而這些奇異行為大多與性別倒錯相關。赫利奧加巴盧斯由於這些行徑而喪失周遭的支持，最後就連實質上身為女皇的祖母也放棄了他。赫利奧加巴盧斯遭到處刑，據說他的遺體被碎屍萬段，拋入河中。

BL 男色逸話 Episode

想變成女人？失控行徑最終的下場

赫利奧加巴盧斯曾經數度與女性結婚，但他對男色的偏愛似乎遠勝過女色。他有女裝癖，曾在王宮內裝扮成娼婦，讓奴隸「買下」自己，耽溺於性事當中。

他也曾與體格健壯的奴隸「結婚」，尤其喜歡露骨地與其他男人外遇，讓妒火中燒的丈夫毆打，在身上留下瘀青。除此之外他還有其他軼聞，例如只因陽具尺寸雄偉就賜予權位，為了做出人工陰道而動手術；將多位男性去勢，把切下來的陽具餵給自己飼養的動物等等，但這些傳聞也很可能被誇大。

時代背景

進入西元三世紀不久，羅馬帝國首屈一指的暴君卡拉卡拉帝遭人暗殺身亡。他的臣下馬克里努斯繼位成為皇帝，但是卡拉卡拉帝的伯母宣稱自己的孫子是先王的私生子，藉此起兵叛亂，馬克里努斯與其子則遭到處刑。

領袖魅力 2
桃花度 2
知性 1
富裕度 5
政治力 1

吉爾・德・雷

Gilles de Rais

對神感到絕望
而化身惡魔對少年狠下毒手

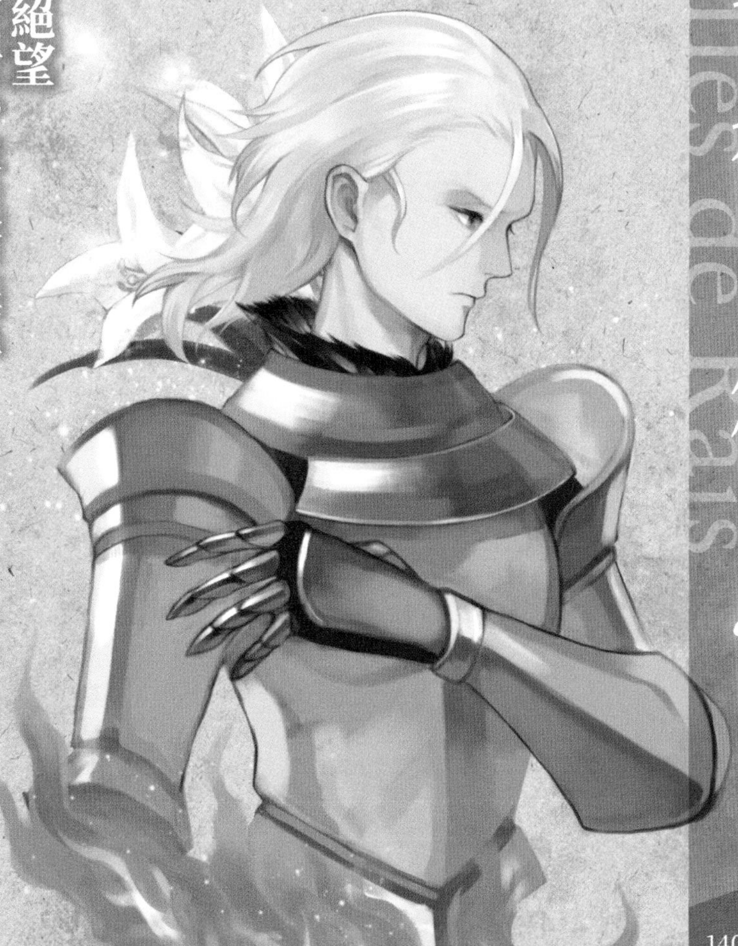

生卒年
1404～1440年

出身地
法國

類型
攻

Men's 人物介紹 Profile

與少女一同救國的英雄

《藍鬍子》的原型人物。童話中與藍鬍子結婚的是女性，但現實中的犧牲者則是少年。吉爾出身名門貴族，生於英法百年戰爭如火如荼的年代。自幼便出現愛好男色、行為殘虐的徵兆，祖父曾為此倍感憂慮。吉爾與聖女貞德一同作戰，因其功績而獲封元帥。後來貞德草草遭到處死，加上吉爾在宮廷當中的地位惡化，貞德死後隔年，吉爾退隱於自宅閉門不出，大肆揮霍財富，埋首鑽研鍊金術。一四四〇年，吉爾因其他案件遭人告發，他在宅邸內虐殺少年的事實才因而曝光，吉爾也因此被處死。

BL 男色逸話 Episode

胸中蘊藏的是癲狂抑或是對神的憤怒？

貞德遭到處刑的隔年，吉爾開始行兇。他以豪華大餐為誘餌，將領地內貧困的農家少年引誘到宅邸當中，讓他們入浴、穿上華美的衣裳，以親切溫和的話語讓他們如入夢境，然後才加以凌辱。這時候吉爾還會將他們吊在天花板上、用刀切斷喉嚨等，行徑殘虐。隨著吉爾對鍊金術的沉迷逐漸加深，「向惡魔獻祭」開始成為他殺戮的目的，據說他曾把少年的心臟裝進瓶中，獻給鍊金術師。他一生殺死的少年有人說是一百五十人，也有人認為多達一千五百人。

時代背景

由於一四二〇年訂下的特魯瓦條約，法國國王過世之後，法國成了英國的領地。法國王太子查理七世千方百計想登上王位，但英國在戰況上佔有壓倒性的優勢。這時聖女貞德現身，逆轉了局勢，然而貞德被俘之後，王太子等人棄之不顧，最後貞德遭到處刑而死。

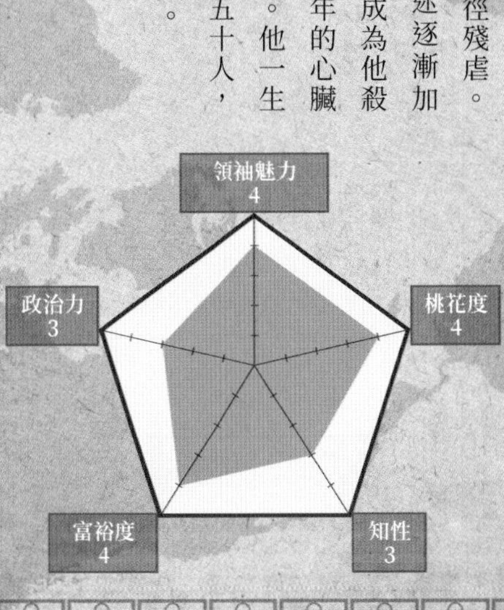

領袖魅力	4
桃花度	4
知性	3
富裕度	4
政治力	3

亨利三世

沉溺於危險的異性裝扮之美
斷絕王朝的耽美主義者

生卒年
1551～1589年

出身地
法國

類型
受

繪師／シキユリ

Men's 人物介紹 Profile

愛好文學藝術的可愛男孩

法國國王亨利二世的第四子，母親是自義大利嫁到法國的凱薩琳·德·麥地奇王妃。亨利三世相貌俊美可人，尤其深受母親寵愛。

成年之後，亨利三世是位勇猛的戰士，不過在孩提時代，比起狩獵、運動等陽剛的活動，他對藝術、文學反而比較有興趣。成年後當選為波蘭立陶宛聯邦的國王，然而在宗教鎮壓「聖巴托羅繆大屠殺」事發兩年後，法國國王查理九世死亡，亨利三世因而回到法國，繼承兄長的王位。

亨利三世即位後，表現出與雨格諾新教徒合作的態度，因此遭人暗殺，瓦盧瓦王朝就此覆滅。

BL 男色逸話 Episode

組織了熱烈愛自己的親衛隊

亨利三世不僅終其一生愛好女裝，還舉辦過男女各自以異性裝扮參加的派對，據說這項嗜好影響了往後的法國時尚潮流。他甚至讓體格健壯的美青年化妝打扮、穿上華麗的服飾，還噴上香水，組成自己的親衛隊。這些青年被稱為「寵童（mignon）」，打扮雖然優雅，卻同時帶有粗野的特質，仗著腰間的佩劍四處惹是生非。他們全都愛著亨利三世，甚至樂於為他奉獻自己的性命。亨利三世似乎對女人興趣缺缺，膝下沒有子嗣，因此在他死後，王朝血脈就此斷絕。

時代背景

基督教新教派·喀爾文教派逐漸對瓦盧瓦王室造成威脅，雙方對立最後引發宗教戰爭，也就是雨格諾（喀爾文教徒）戰爭。由凱薩琳·德·麥地奇王妃主導的雨格諾新教徒大屠殺「聖巴托羅繆大屠殺」，便是在這場戰爭當中發生。

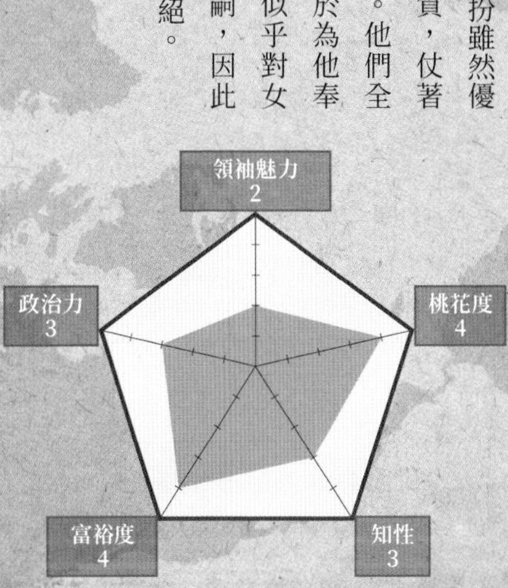

領袖魅力	桃花度	知性	富裕度	政治力
2	4	3	4	3

詹姆士一世

James I

斯圖亞特王朝首任國王
人稱「最聰明的傻瓜」

生卒年
1566～1625年

出身地
蘇格蘭

類型
受

繪師／時々

Men's
人物介紹
Profile

未曾嘗過母愛 養成偏差特質？

由於母親瑪麗遭到廢黜，他一歲時便以「詹姆士六世」的身分即位，成為蘇格蘭國王。詹姆士六世力抗貴族，取回政權，在宗教對立等因素造成世局動盪不安的情況下，親自撰寫論文倡導王權神授說，意圖強化王權。他愛好學問與藝術，也熱中鑽研惡魔學。最後，由於血緣關係親近，英格蘭女王伊莉莎白一世駕崩前，指名由詹姆士六世繼承王位。因此他亦以「詹姆士一世」的身分登基為英格蘭國王，卻與英國議會不合，也留下「最聰明的傻瓜」的負面評論。

BL
男色逸話
Episode

有過由衷敬愛的人 並以「鳳凰」稱之

詹姆士與揮霍無度的丹麥公主・安妮結婚，兩人之間也育有子嗣，但他同時也愛過男人。詹姆士少年時代的戀人，是堂哥埃斯米・斯圖爾特。埃斯米自法國歸來，舉止優雅，詹姆士稱他為「鳳凰」，還封他為蘇格蘭公爵。登基為英格蘭國王後，詹姆士對一位名叫卡爾的騎士一見傾心，賜予他各種權位；然而卡爾行事蠻橫，後來他毒殺前主的事情又曝了光，於是被判處監禁。

詹姆士最後一位愛人是曾經受他指導的維利爾斯，維利爾斯不僅受封為白金漢公爵，在詹姆士的次子查理一世繼位之後也備受寵愛。

時代背景

由於父親之死，瑪麗・斯圖亞特僅出生六天，便繼位為蘇格蘭女王。後來在貴族叛變之下，瑪麗將王位讓予年僅一歲的兒子詹姆士六世，逃往英格蘭投靠表姊伊莉莎白一世，最後卻因密謀奪取王位的罪名，遭到伊莉莎白一世處死。

領袖魅力	1
桃花度	2
知性	3
富裕度	4
政治力	2

冷落貌美如花的妻子
醉心男色的絕對君主

路易十三

Louis XIII

生卒年
1601～1643年

出身地
法國

類型
？

繪師／唯奈

Men's 人物介紹 Profile

從母親手中奪權，登上政治舞台

父親亨利四世遇刺身亡的時候，路易十三才八歲大，因此繼位時由母親瑪麗攝政，路易十三暫時遠離政治。不過到了母親打算將政權交到愛人手中的時候，路易十三便暗殺了那位愛人，並將母親幽禁。此外，由於雨格諾新教徒曾經起兵叛亂，路易十三對他們也愈發不信任。路易十三封寵臣呂伊納公爵為大元帥，不料呂伊納在與雨格諾新教徒的戰爭中因病身亡。後來路易十三任命黎胥留樞機主教為宰相，意圖打壓權貴與雨格諾的勢力。在黎胥留掌舵之下，法國的絕對君主制受到了強化。

BL 男色逸話 Episode

受到君王寵愛，最後的願望是？

十四歲時，路易十三與同齡的西班牙公主安妮結婚，卻遲遲沒有子嗣，安妮的流產也是原因之一。儘管安妮貌美如花，路易十三似乎對她缺乏興趣，除了呂伊納公爵之外，據說也寵愛過擅長馬術的部下等等。路易十三的男色對象當中，辛馬爾斯侯爵在歷史上特別有名。辛馬爾斯侯爵本是由黎胥留引薦，他仗著國王的寵愛，不僅接二連三將官職與領地納入囊中，甚至想推翻黎胥留，伺機奪取王位。黎胥留立刻察覺辛馬爾斯的陰謀，路易十三迫不得已，只能將辛馬爾斯處死。但是不到一年之後，路易十三與黎胥留皆先後與世長辭。

領袖魅力	2
桃花度	2
知性	3
富裕度	4
政治力	3

時代背景

波旁王朝首任國王．亨利四世頒布南特敕令，暫且終結了雨格諾新教徒與天主教之間的對立，但仍然留有不安因素。亨利四世自義大利迎娶瑪麗．德．麥地奇為王妃，亦育有子嗣，後來卻遭到天主教徒刺殺身亡。

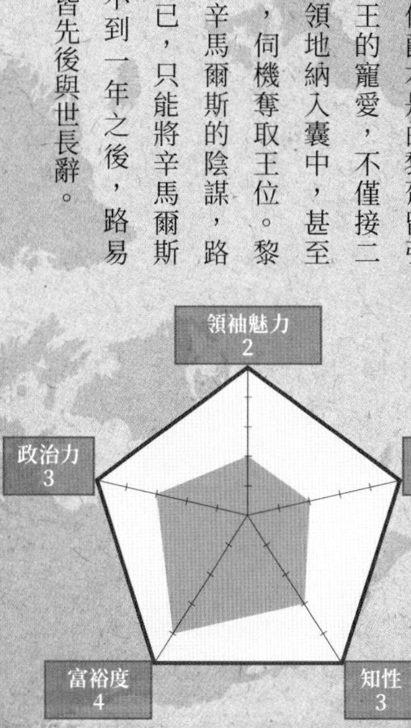

奧爾良公爵腓力一世
Philippe d'Orléans
異性裝扮與男色的魅力
抹去了他所有的野心
生卒年
1640～1701年
出身地
法國
類型
受

Men's
人物介紹
Profile

擔憂奪權野心而讓他穿上女裝

腓力一世是路易十四的弟弟，母親安妮稱他為「我的小女兒」，讓他穿著女孩子的衣服長大。

有一說認為這是宰相馬扎然的策略，目的是為了不讓腓力一世對路易十四懷抱政治野心。也許該說這策略奏效了，腓力一世成長為女裝愛好家，身穿裙子、腳踩高跟鞋，也喜歡佩戴首飾、噴香水；跳舞的時候總愛跳女性的舞步，性方面也對男人感興趣。

儘管做到這個地步，據說只要腓力一世在戰場上表現亮眼，仍會引發路易十四強烈的妒意。

BL
男色逸話
Episode

不能告訴國王陛下的男色秘密組織

雖然腓力一世偏愛男色，不過既然出身王室，就免不了政治聯姻。他娶了英格蘭公主為妻，但是果不其然，對她不感興趣，反而迷上了騎士洛林。

由於公主曾經對洛林不利，有一說認為洛林就是毒殺公主的主謀。

此外，據說腓力一世曾加入王室、貴族冠蓋雲集的男色秘密組織，成員喜歡相聚享受魚水之歡、替客人口淫等。路易十四得知這個組織的存在時大發雷霆，其中甚至有成員遭到鞭打後流放。

時代背景

由於丈夫路易十三本就偏愛男色，加上曾經數度流產，法國王妃奧地利的安妮到了三十歲後半才終於有了子嗣，這孩子便是路易十四。夫妻同床共枕的次數稀少，因此路易十四甚至被人稱為「神賜之子」。再過兩年，王妃又生下了腓力一世。

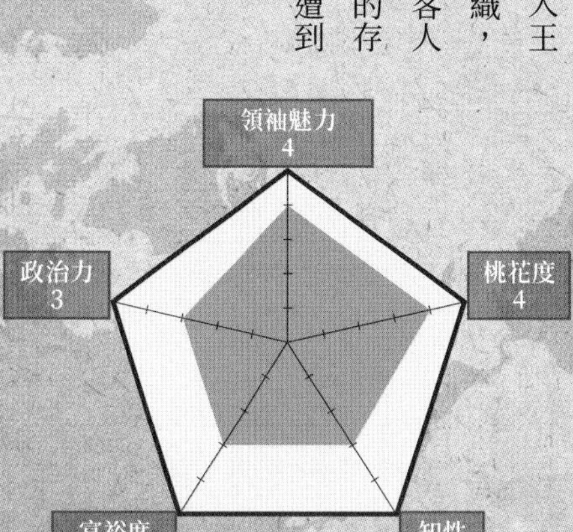

領袖魅力 4
桃花度 4
知性 3
富裕度 3
政治力 3

腓特烈大帝

打造普魯士繁榮的背後
是少年時代的悲劇

Friedrich II

生卒年
1712～1786年

出身地
普魯士

類型
？

繪師／時々

Men's
人物介紹
Profile

愛好藝術、富國強兵的啟蒙君主

腓特烈大帝是「軍人王」腓特烈．威廉一世的第三王子，由於兩位兄長接連離世而成為王太子。受到姊姊等人的影響，腓特烈大帝愛好藝術，與粗野、嚴格的父王多有齟齬。父親也常對兒子動用暴力，甚至說過「我要是兒子的話就去自殺了」。

父親死後，腓特烈大帝透過接連數度戰爭擴大領土，實行重商主義與農民保護政策，建立繁榮國度，受國民尊稱為大帝。同時，腓特烈大帝也是獎勵學藝的啟蒙君主，積極資助文人與藝術家。

BL
男色逸話
Episode

眼睜睜看著深愛的友人遭到處死

也許是因為父親的監控過於嚴厲，腓特烈大帝不僅對女性缺乏興趣，甚至到了厭惡的地步，因此同性戀的傳聞也甚囂塵上。在王太子時代，腓特烈大帝有過一位特別喜愛的臣下，名叫卡特。雖然不確定兩人實際上是否發生過肉體關係，但他們歷經了一段比悲戀更慘絕人寰的死別。當時腓特烈大帝打算與卡特等人一同逃往英國，卻被父親逮到，逼迫他眼睜睜看著卡特遭人斬首。腓特烈大帝請求父親殺了他，饒卡特一命，卻沒能如願。即位後，腓特烈大帝令為數眾多的哲學家、軍人、科學家隨侍在側，熱愛男色調性的藝術。

時代背景

腓特烈．威廉一世是普魯士第二任國王，他生活簡樸，全力整備官僚體制、強化常備軍隊，為普魯士的興隆奠下基礎，卻也有粗暴、輕視藝術的一面。他與妻子生下十四個孩子，其中有八個孩子存活了下來。

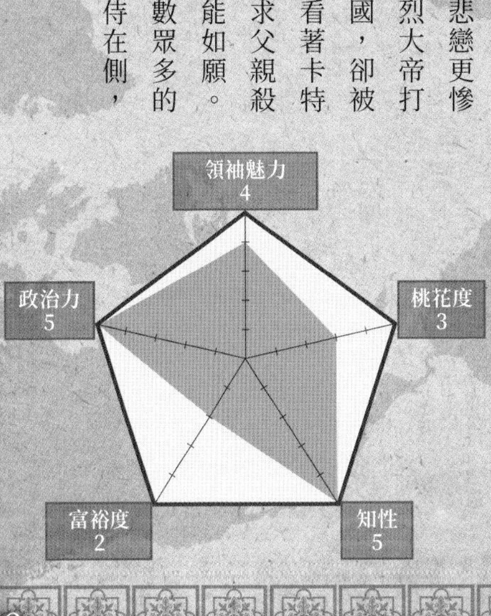

領袖魅力 4
桃花度 3
知性 5
富裕度 2
政治力 5

周穆王

ぼくおう

即使是異族聞之喪膽的君王
對寵愛有加的少年也是無比寬容

在位年
西元前985～
西元前940年

出身地
中國

類型
攻

繪師／ミカミ

Men's
人物介紹
Profile

深得女仙歡心 勇猛果敢的君王

周朝第五代天子。前代天子昭王數度遠征，後來在征途中下落不明，穆王因而即位。周穆王繼承父王遺志，為了擴張領土，駕著八匹神駒「八駿」征討異族、平定天下。征討外族的過程記載於史書《穆天子傳》當中，根據書中描述，穆王西征時曾經到神仙居住的崑崙山落腳，遇見了女仙西王母。傳說穆王在宴席上十分盡興，甚至忘了要歸國。日本的能劇當中，也有西王母下凡造訪宮殿，獻上三千年一開的桃花與仙桃、翩然起舞的劇目，劇名就叫《西王母》。

BL
男色逸話
Episode

該判少年死罪 卻不忍心下手

能劇《菊慈童》雖然在中國較鮮為人知，但在日本深受喜愛，這就是以周穆王的寵童「慈童」為仕手（主角）的劇目。

慈童不小心跨過皇帝的枕頭，本來應是死罪，卻因為周穆王對他寵愛甚深，僅將他流放到深山當中。

能劇當中沒有描寫的是，周穆王將寫有經文的枕頭賜給慈童，慈童因經文之力而長生七百年之久。此外，慈童的台詞當中也提到「淚濕袖口遲未乾，恨孤眠獨寢」，引人遐想。

時代背景

武王伐紂之後，周朝天子成為實質上統治中華的帝王。其後周朝雖存續八百年，但由於第十二代周幽王的愚蠢行徑導致遷都，往後便喪失威權。此後的周朝稱為東周，成為諸多小國之一，於第三十七代周赧王在位時覆滅。

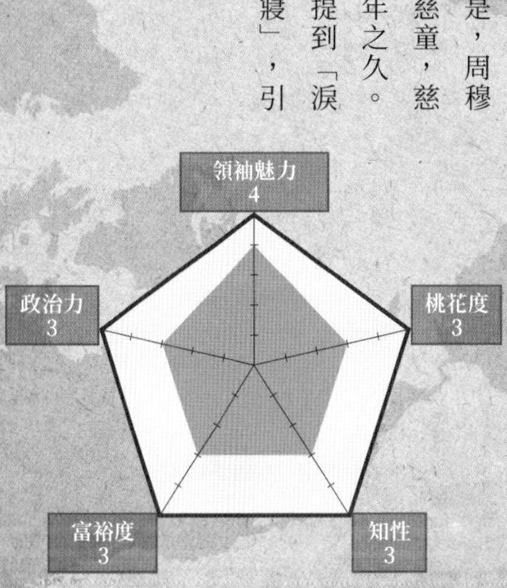

領袖魅力 4
桃花度 3
知性 3
富裕度 3
政治力 3

ぎおう

魏王

統領戰國時代第一強國的「君王」究竟是？

生卒年
?～?年

出身地
中國

類型
攻

繪師／そらお

Men's
人物介紹
Profile

僅留下逸話 無法確定故事主角是誰

魏國自春秋時代便已存在，一路存續到戰國時代末葉。史書《戰國策》分別記述了戰國時代各國的國策與戰略，本節描述的軼聞乃是取自其中〈魏策〉的故事。但是文獻中僅記載「魏王」，並未指明是歷代魏王當中的哪一位。

附帶一提，魏國最有名、掌握最大實權的人物，是使魏國獨立、引領戰國時代的魏文侯。文侯師事於孔門弟子，聘用眾多優秀人才，致力以灌溉工程等方式增強農業生產力，並強化軍事力量。在文侯的努力之下，魏國成了戰國初期首屈一指的強國。

BL
男色逸話
Episode

「為你寧可冷落美人」

魏王有個俊美的寵童，名叫龍陽君。魏王與龍陽君一同釣魚的時候，龍陽君大約釣了十條魚，便開始哭了起來。魏王問他怎麼了，龍陽君便答道：「釣到第一條魚的時候，我非常開心，但是後來釣到的魚越來越肥美，我便想把第一條魚拋棄了。現在像我這麼醜陋的人隨侍於陛下枕席，甚至拜領爵位，天下美人聽聞這件事，一定爭相來到陛下階前，屆時我必定要被拋棄了。」魏王聽了便昭告天下，不許進納美人於宮。

領袖魅力 3
桃花度 3
知性 3
富裕度 3
政治力 3

時代背景

周朝遷都、喪失威權之後，有力諸侯紛紛嶄露頭角，在各國之間締結盟約的春秋時代於是揭開序幕。大國「晉」分裂為韓、魏、趙三個小國後，進入戰國時代，直到秦始皇統一天下為止，戰亂約持續了一百八十年。也是在這個時代，稱為「諸子百家」的各地學者開始倡導各式各樣的思想。

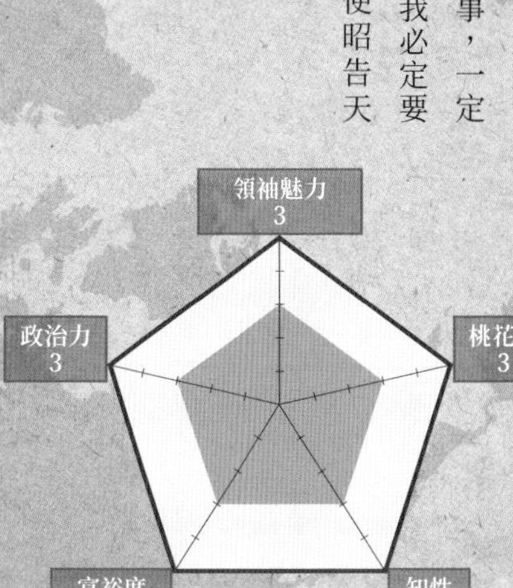

漢哀帝

（西漢末期皇帝）

願將一切獻給深愛的你
即使讓出皇帝之座也在所不惜

生卒年
西元前25～西元前6年

出身地
中國

類型
攻

繪師／うおのめうろこ

Men's
人物介紹
Profile

受外戚干預 無法發揮實力

漢哀帝劉欣，西漢第十三代皇帝。三歲時繼承定陶王之位（這個時代的「王」是王族與貴族男子的爵位，類似地方君主），此時的皇帝漢成帝是劉欣的伯父，由於成帝膝下無子，於是立劉欣為太子。

成帝駕崩後，劉欣以十九歲之齡繼位，施行限田令等改革，限制土地持有的最高額度，卻因外戚干政，改革成果不如預期。漢哀帝二十五歲時駕崩，身後只留下女兒，因此導致外戚王氏有機可乘。這王氏家族，便是後來篡奪王位的王莽一家。

BL
男色逸話
Episode

寧可割斷袖子 也不願吵醒你

漢哀帝愛好男色，深愛著名叫董賢的少年，在中國象徵男色的故事「斷袖」，便由來自哀帝的行為。哀帝與董賢同寢的時候，哀帝先醒了過來，他擔心起身時驚醒董賢，於是割斷了自己的衣袖。董賢原本只是一介官吏，由於深受哀帝寵愛，轉眼間升官加爵，受封侯位。

董賢封侯之後仍享盡優遇，最後哀帝甚至連皇帝的位子都想禪讓給他。不久後哀帝駕崩，董賢遭到外戚王氏罷官，自盡而亡。

時代背景

哀帝生於西漢開國之後近兩百年，宮廷滿是賄賂貪瀆的時代。在這樣的環境中，皇帝的親族王莽態度虔敬、個性簡樸，深得周遭信賴。不料王莽毒死了哀帝的下一任皇帝・漢平帝，自己坐上王位，創建了僅持續一代的帝國「新朝」。

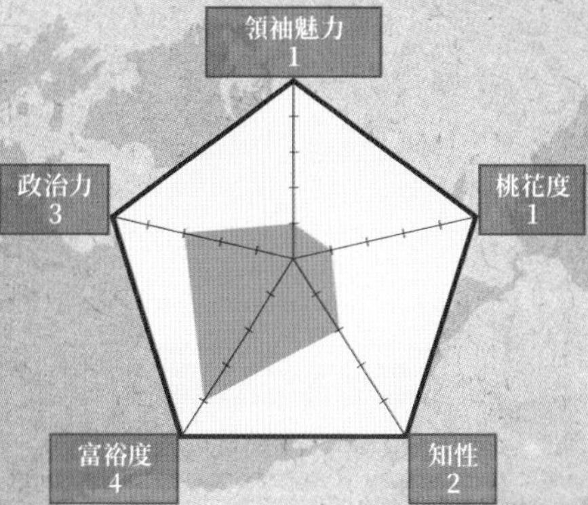

領袖魅力	桃花度	知性	富裕度	政治力
1	1	2	4	3

漢武帝（西漢）

驅逐匈奴、擴大版圖
開創雄偉的帝國顛峰

生卒年
西元前156～
西元前87年

出身地
中國

類型
攻

繪師／シキユリ

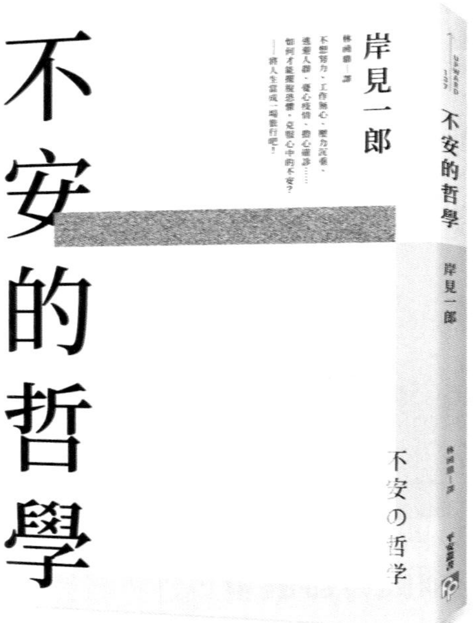

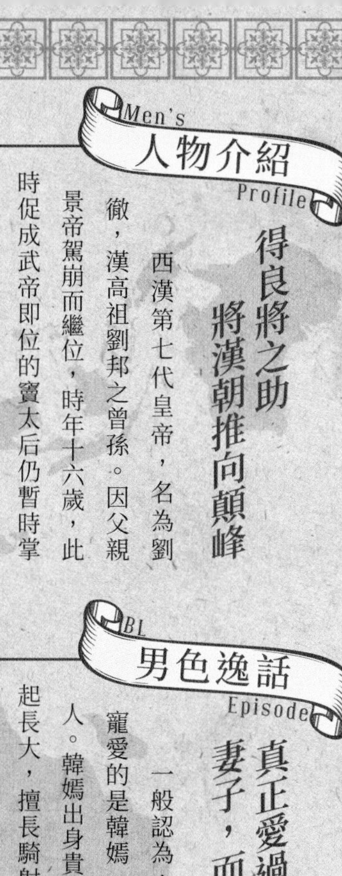

得良將之助 將漢朝推向顛峰

西漢第七代皇帝，名為劉徹，漢高祖劉邦之曾孫。因父親景帝駕崩而繼位，時年十六歲，此時促成武帝即位的竇太后仍暫時掌握政治實權。

武帝二十二歲時，竇太后去世，武帝開始積極主理政事。他推動察舉制度，鄉舉里選，由地方長官推薦人才。除了致力充實內政之外，漢武帝特別值得一提的是數度征伐匈奴的成果。衛青、霍去病等將軍大展身手，最後成功驅逐匈奴，並將西域諸國納入版圖，雙方亦有過求取名馬等交流。

BL 男色逸話 Episode

真正愛過的不是妻子，而是兒時玩伴

一般認為，特別受到漢武帝寵愛的是韓嫣、韓說、李延年三人。韓嫣出身貴族，從小和武帝一起長大，擅長騎射。武帝的第一位王后隸屬於祖母的勢力，夫妻之間多有齟齬，也許正因如此，武帝才特別受到性情相通的兒時玩伴吸引。後來，韓嫣以私通後宮宮女的罪名，被迫自殺。韓說是韓嫣的弟弟，多年後捲入太子謀反事件而遭到殺害。李延年是宮中樂人，本是罪犯，由於武帝接連將罪犯處以宮刑而成了宦官，不過仍常與武帝一同起居，深受寵愛。李延年的妹妹李夫人，也同樣在宮中得寵。

時代背景

西漢建國後約六十年，這段時間，開國皇帝劉邦的未亡人呂后曾經專橫掌權，亦曾發生內亂，不過在接連幾位皇帝的德政之下，漢朝順利發展，累積了足夠的國力。另一方面，北方屢次遭到騎馬民族匈奴侵攻，則是當時一大隱憂。

領袖魅力	桃花度	知性	富裕度	政治力
5	4	4	5	4

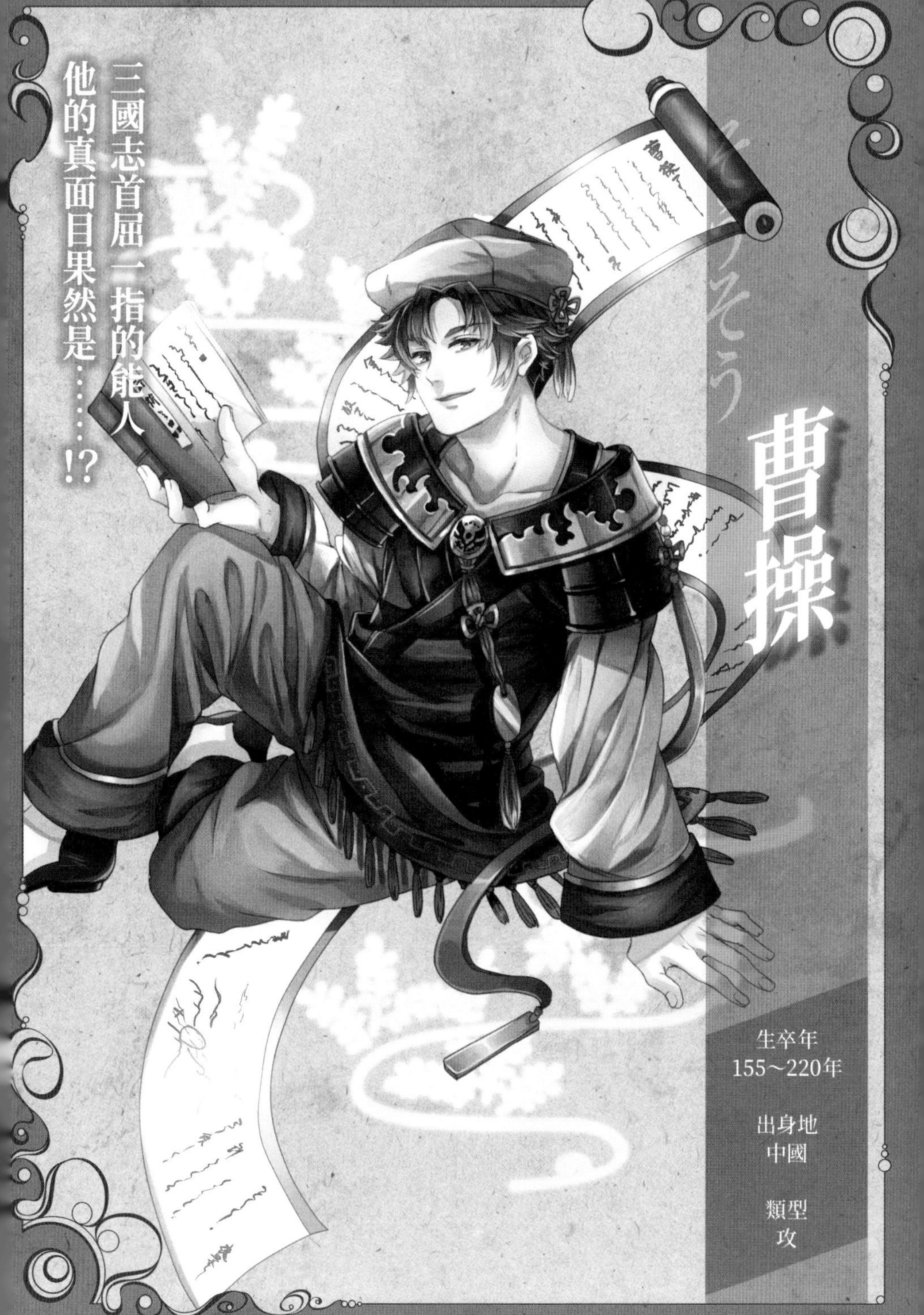

三國志首屈一指的能人
他的真面目果然是……!?

曹操

そうそう

生卒年
155～220年

出身地
中國

類型
攻

Men's 人物介紹 Profile

不是壞人只是能人！

曹操與劉備、孫權並列為《三國志》主角之一，治理魏國。在後人創作的《三國演義》等作品當中被寫成反派角色，但實際上並不是壞人，倒不如說他是個能力高強得嚇人的「能人」。曹操不僅贏得諸多優秀部下的信賴，為國家打下穩固基礎，同時也具備詩人的才華。後人給他的評價「治世之能臣，亂世之奸雄」也十分著名。

曹操是東漢王朝高官之子，祖父為宦官。年輕時候是個不良少年，於討伐黃巾之亂時嶄露頭角。後來曹操擁戴末代皇帝．獻帝，如傀儡一般加以控制，卻始終沒有篡奪帝位。

BL 男色逸話 Episode

再怎麼喜歡你違反規定仍得嚴懲

中國許多史書當中都有「佞倖列傳」，記載阿諛奉承、巴結皇帝的人，皇帝的男寵亦屬此列。根據魏國史書《魏略》當中的〈佞倖傳〉，曹操的佞倖有孔桂、秦朗兩人。受曹操之「幸」，即受到寵愛的少年，看見曹操睡在寒冷處，便為他蓋上被褥。然而曹操有令不許接近自己就寢之處，少年違反禁令，遭曹操處刑。即使是深愛的少年也不惜處死，以儆效尤，由此可看出曹操冷酷無情的一面。

時代背景

漢光武帝劉秀建立東漢之後約一百六十年，宦官濫權，肆虐宮廷。「黃巾之亂」在這片混亂當中爆發，人民為了推翻漢朝而起義。宮廷為了鎮壓叛亂傷透腦筋，這場叛亂卻為後來群雄割據的局面埋下了種子。以結果而論，宦官以及與其敵對的外戚全都遭到肅清。

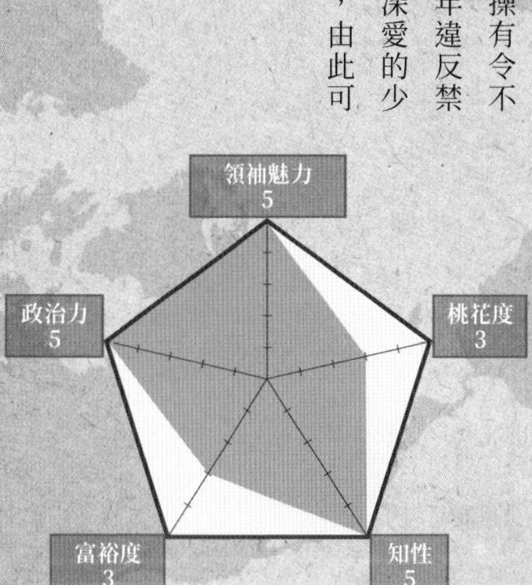

領袖魅力	5
桃花度	3
知性	5
富裕度	3
政治力	5

古代的男色行為，代表了儀式與神秘力量

男色之風不僅存在於日本，從遠古時代開始，世界各國、各大地區皆有男色行為。從前的「男色」不僅是滿足肉慾的性行為，也被視為一種儀式，是神秘力量的根源。

我們容易用有色眼光看待「男色」，但是從「超越性別」的意義上，男色過去被視為一種超脫人類局限的行為。

在巴布亞紐幾內亞，薩比亞族代代相傳的「成年禮」便是代表性的例子。薩比亞族規定男童只要滿七歲，就有義務在清一色只有男性的集體宿舍中，度過兩到三年的時間。宿舍完全禁止女人進入，男孩絕對不能把裡面發生的事告訴外人，是個封閉的空間。

在這個秘密宿舍中舉行的成年禮，內容便是年長男性的精液授與。在宿舍中，年滿七歲的男孩以口唇愛撫年長男性的性器，將射出的精液攝入體內。薩比亞族相信男童必須攝取年長男性的精液，才能成為獨當一面、具有生殖機能的成年男子，這項儀式從七歲開始定期執行，持續兩到三年。

美洲大陸的原住民當中，大部分的部族都存在許多身著女裝的男性。除了服裝之外，他們的說話方式、舉手投足也與女性相近，多為同性戀者，性行為的對象也是同性。

他們既是男性，也是女性，是擁有兩個靈魂的「雙靈人」，因此族人相信他們擁有占卜、預言、療癒等神秘力量，作男性打扮的女性也是一樣的。

第3章
日本的歷史人物

解說

《古事記》當中，關於日本武尊有一些「引發男色聯想」的描寫，《日本書紀》當中也記載了表現男色的內容：一位男性在深愛的友人與世長辭的時候，因為不想與他分別而自盡。時代再往後推一些，編纂《萬葉集》的大伴家持愛女色也愛男色，一般認為他有一首情詩便是贈與男性的作品。

在這之後，日本的男色文化以平安時代登場的「稚兒」為中心。稚兒是居住在寺院內的少年，負責照顧僧侶生活起居。由於戒除女色的僧侶以稚兒為性對象，這些稚兒化了妝，身著色彩鮮豔的水干（和服），身姿打扮宛若女性。僧侶們為了正當化自己和稚兒的關係，甚至編出「稚兒灌頂」的儀式；儀式之後，稚兒便成了神佛的化身，因此即使有了肉體上的交合也不成問題。

因為僧侶們太「有幹勁」，以至於男色之風滲透日本社會……倒也不是這麼回事，不過日本社會對於男色確實十分寬容。正因如此，男色文化之後也衍生出多彩多姿的樣貌。例如平安時代末期的貴族．藤原賴長，便以男色作為籠絡對方的政治手段。歷經鐮倉、室町時代，到了戰國時代，男色有了強化主從關係的意義。江戶時代仍殘留戰國遺風，主從之間的「眾道」仍然存在；另一方面，以少年為演員的「若眾歌舞伎」開始流行，「陰間茶屋」也隨之大為盛行，稱為「陰間」的歌舞伎學徒在此進行肉體交易。井原西鶴在這個年代（元祿時代）大為活躍，留下許多浮世草子（大眾風俗小說），他也說色道「有男女二途」，並不是什麼新鮮事。

到了明治時代，西洋文化傳入日本，男色成為一種禁忌，輿論的眼光驟然轉變，開始視男色為一種變態行為。不過江戶川亂步、三島由紀夫等作家仍然保有自己堅定的審美眼光，將自己感受到的男色魅力，毫無保留地昇華為文學作品。

日本武尊

やまとたけるのみこと

為大和王權而戰的英雄
傳說中的描寫引人遐想

生卒年
?～?年

出身地
?

類型
攻

繪師／唯奈

Men's 人物介紹 Profile

為了擴大王權，持續進行討伐之旅

《古事記》中稱他為「倭建命」，《日本書紀》中則稱為「日本武尊」，是擴展大和政權的核心人物。正式史書《日本書紀》當中描寫的日本武尊性格穩重，是個正經人物。然而《古事記》當中的日本武尊則不然，他忤逆父親、隨手殺死兄長；出雲建信任他，卻遭他暗算；他還蔑視伊吹山的神祇，因而遭到慘痛教訓，以現代的價值觀看來，有不少有辱英雄之名的故事。他獲得叔母倭姬命的幫助，奉行父親．景行天皇的命令征討各地豪族，最後死於日本三重縣的能褒野。傳說他死後化為白鳥，往大和飛去。

BL 男色逸話 Episode

以劍刺穿屁股，壓制豪族之王

日本武尊並沒有確切的男色紀錄，不過《古事記》當中，他奉父王之命討伐九州熊襲建兄弟的故事頗為引人遐想。為了混入熊襲建的筵席，日本武尊穿上女裝，趁著兩兄弟被自己迷得神魂顛倒的時候，先抓住哥哥的領子，刺穿胸口將他殺死。弟弟在驚嚇之中逃竄，日本武尊直追上去，剝下他背後的皮，把劍刺入他的屁股。遭到貫穿之際，弟弟開口：「既然你擁有這麼強勁的力量，以後不如以日本武尊之名自稱吧。」他留下這句話便斷了氣，「日本武尊」之名便是由此而來。把劍插入屁股……聽起來好曖昧啊。

時代背景

磐余彥從日向國的高千穗宮出發東征，打倒各方荒神，最後來到大和國，在橿原興建宮殿即位，是為初代天皇．神武。神代就此結束，人代於世間揭開序幕。時移世易，第十二代天皇．景行天皇終於登上歷史舞台，此時大和政權討伐各地豪族，持續擴大統治。

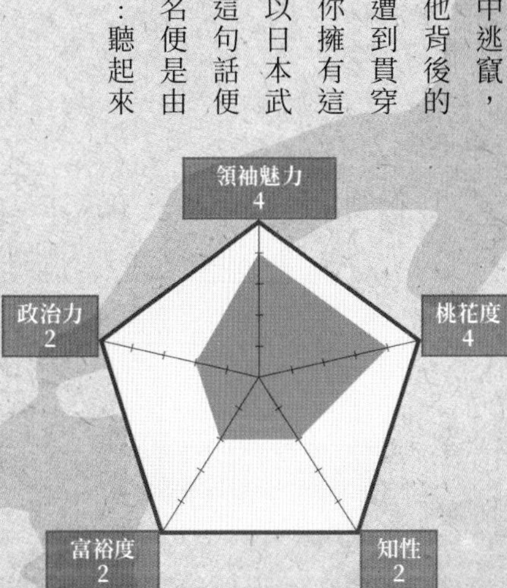

領袖魅力	4
桃花度	4
知性	2
富裕度	2
政治力	2

藤原頼長

ふじわらのよりなが

脾氣苛烈、頭腦敏銳
拓展了男色圈子的「惡左府」

生卒年
1120～1156年

出身地
京都府

類型
可攻可受

繪師／猫屋くりこ

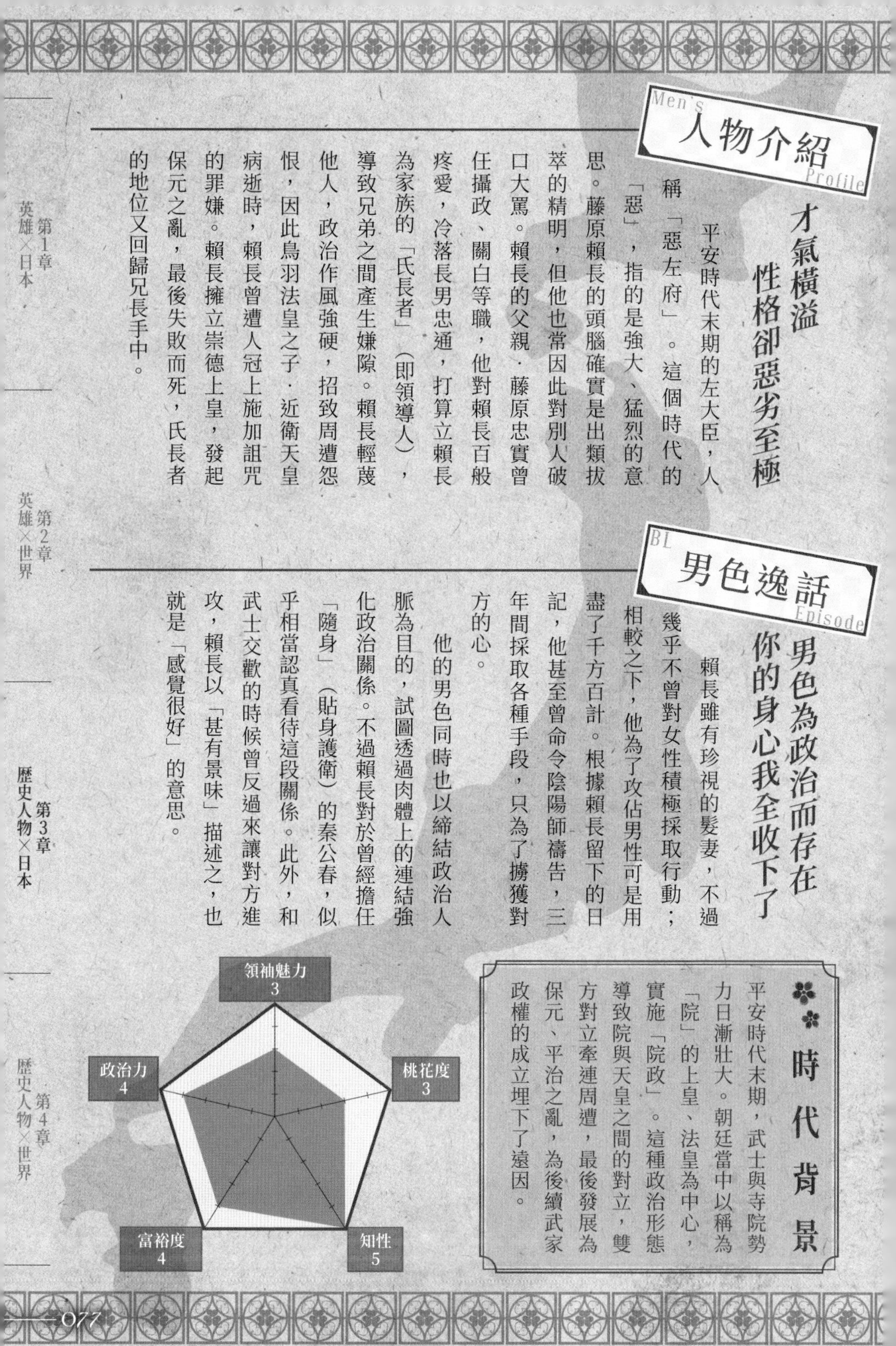

Men's 人物介紹 Profile

才氣橫溢 性格卻惡劣至極

平安時代末期的左大臣，人稱「惡左府」。這個時代的「惡」，指的是強大、猛烈的意思。藤原賴長的頭腦確實是出類拔萃的精明，但他也常因此對別人破口大罵。賴長的父親·藤原忠實曾任攝政、關白等職，他對賴長百般疼愛，冷落長男忠通，打算立賴長為家族的「氏長者」（即領導人），導致兄弟之間產生嫌隙。賴長輕蔑他人，政治作風強硬，招致周遭怨恨，因此鳥羽法皇之子·近衛天皇病逝時，賴長曾遭人冠上施加詛咒的罪嫌。賴長擁立崇德上皇，發起保元之亂，最後失敗而死，氏長者的地位又回歸兄長手中。

BL 男色逸話 Episode

男色為政治而存在 你的身心我全收下了

賴長雖有珍視的髮妻，不過幾乎不曾對女性積極採取行動；相較之下，他為了攻佔男性可是用盡了千方百計。根據賴長留下的日記，他甚至曾命令陰陽師禱告，三年間採取各種手段，只為了擄獲對方的心。

他的男色同時也以締結政治人脈為目的，試圖透過肉體上的連結強化政治關係。不過賴長對於曾經擔任「隨身」（貼身護衛）的秦公春，似乎相當認真看待這段關係。此外，和武士交歡的時候曾反過來讓對方進攻，賴長以「甚有景味」描述之，也就是「感覺很好」的意思。

時代背景

平安時代末期，武士與寺院勢力日漸壯大。朝廷當中以稱為「院」的上皇、法皇為中心，實施「院政」。這種政治形態導致院與天皇之間的對立，雙方對立牽連周遭，最後發展為保元、平治之亂，為後續武家政權的成立埋下了遠因。

松尾芭蕉

まつおばしょう

為求道而漂泊的俳諧師
位於其創作原點的「眾道之愛」

生卒年
1644～1694年

出身地
三重縣

類型
可攻可受

繪師／ミカミ

人物介紹

Men's Profile

為在漂泊的旅途中追求俳諧

松尾芭蕉出生於伊賀上野，是下級武士之子。當時已經不太可能以武士身分出人頭地，不過芭蕉從少年時代開始，便勉力鑽研當時流行的「俳諧」（眾人聚集在一起，接連吟詠詩句的藝文活動）。

九歲時，芭蕉在藤堂藩長男，藤堂良忠手下效命，良忠同時也是他的俳諧老師。良忠在芭蕉二十三歲時過世，之後他從京都輾轉到了江戶，成為知名的俳諧師，卻對於只論譁眾取寵的俳諧界心灰意冷，以三十七歲之齡早早引退。四十一歲時，為了窮究俳諧之道踏上旅途，代表作有《笈之小文》、《奧之細道》等。一六九四年，於異鄉大阪過世。

男色逸話

BL Episode

是師徒也是君臣

芭蕉九歲時效命藤堂良忠，他比芭蕉年長兩歲，同時也是芭蕉的俳諧老師。芭蕉評判詩句時，曾留下「自身昔好眾道」的評論，江戶時代遺留的傳記當中，亦有「（良忠對芭蕉）甚之寵愛異於他人」的記載，不難推測其男色對象便是良忠。

芭蕉以俳諧師的身分出道之後，也留下一些引人遐想的俳句，令人懷疑他與弟子的關係也許並不單純。例如與弟子越人一同旅行之際，寫下「暗夜雖寒，二人共枕卻何其安穩」，據說越人是絕世的美男子。除了越人之外，芭蕉也相當疼愛弟子杜國。

時代背景

芭蕉生於德川幕府第三代將軍家光治世的年代，此時亂世已經結束。幕府整頓諸多制度，身分制度亦已確立，因此像芭蕉這樣的下級武士之子，已難以出人頭地。另一方面，此時文化隆盛，與芭蕉同時代的還有井原西鶴、近松門左衛門等文人。

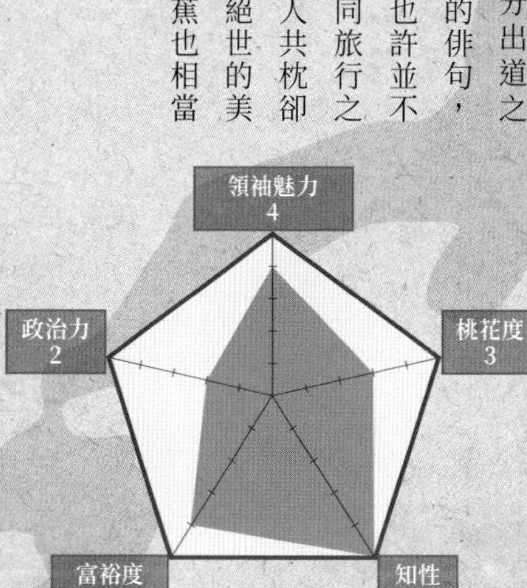

領袖魅力	4
桃花度	3
知性	5
富裕度	4
政治力	2

浮世草子的知名作家
也對同性愛情有獨鍾
いはらさいかく
井原西鶴
生卒年
1642～
1693年左右
出身地
大阪府
類型
攻

繪師／シキユリ

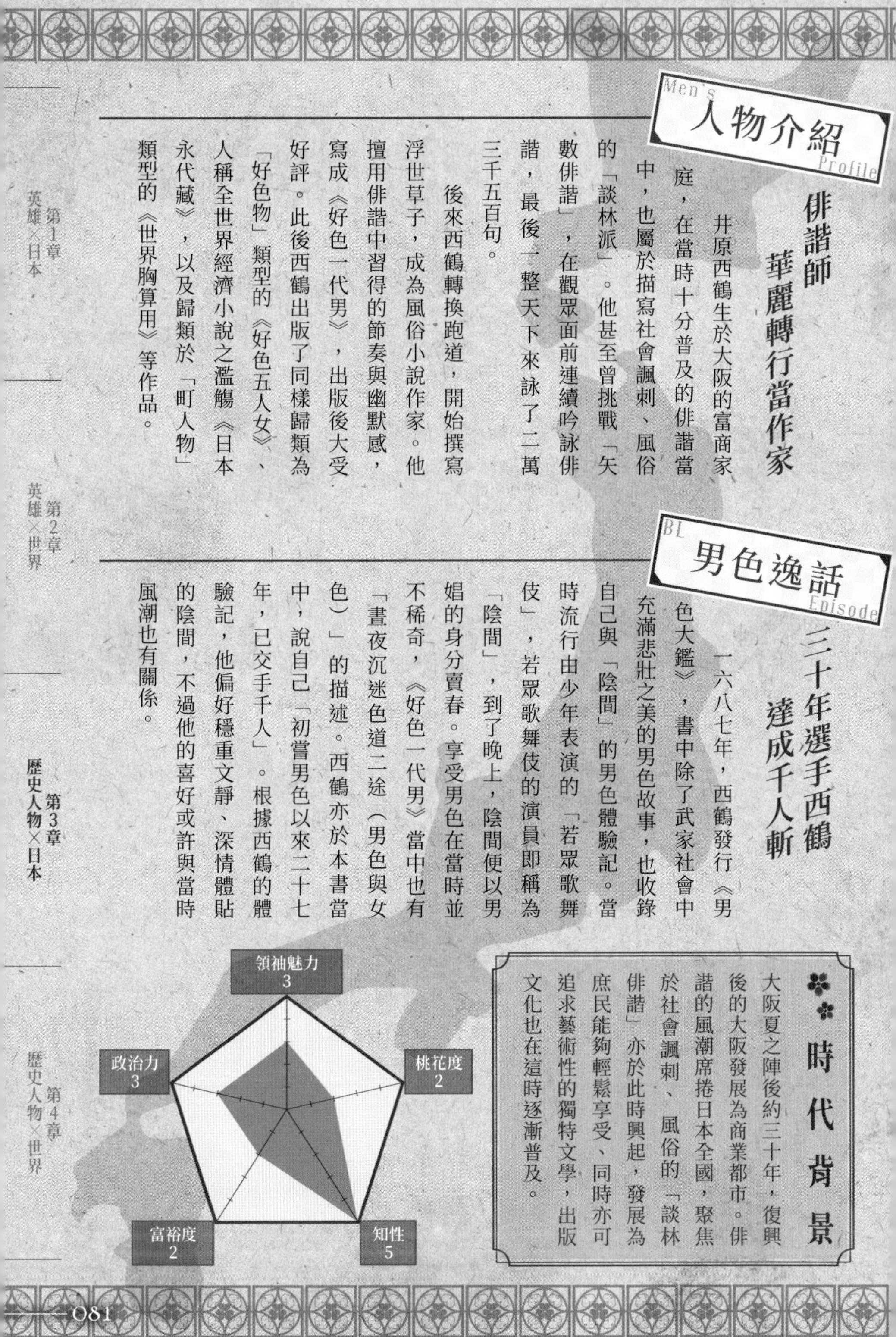

Men's

人物介紹

Profile

俳諧師 華麗轉行當作家

井原西鶴生於大阪的富商家庭，在當時十分普及的俳諧當中，也屬於描寫社會諷刺、風俗的「談林派」。他甚至曾挑戰「矢數俳諧」，在觀眾面前連續吟詠俳諧，最後一整天下來詠了二萬三千五百句。

後來西鶴轉換跑道，開始撰寫浮世草子，成為風俗小說作家。他擅用俳諧中習得的節奏與幽默感，寫成《好色一代男》，出版後大受好評。此後西鶴出版了同樣歸類為「好色物」類型的《好色五人女》、人稱全世界經濟小說之濫觴《日本永代藏》，以及歸類於「町人物」類型的《世界胸算用》等作品。

BL

男色逸話

Episode

三十年選手西鶴 達成千人斬

一六八七年，西鶴發行《男色大鑑》，書中除了武家社會中充滿悲壯之美的男色故事，也收錄自己與「陰間」的男色體驗記。當時流行由少年表演的「若眾歌舞伎」，若眾歌舞伎的演員即稱為「陰間」，到了晚上，陰間便以男娼的身分賣春。享受男色在當時並不稀奇，《好色一代男》當中也有「晝夜沉迷色道二途（男色與女色）」的描述。西鶴亦於本書當中，說自己「初嘗男色以來二十七年，已交手千人」。根據西鶴的體驗記，他偏好穩重文靜、深情體貼的陰間，不過他的喜好或許與當時風潮也有關係。

時代背景

大阪夏之陣後約三十年，復興後的大阪發展為商業都市。俳諧的風潮席捲日本全國，聚焦於社會諷刺、風俗的「談林俳諧」亦於此時興起，發展為庶民能夠輕鬆享受、同時亦可追求藝術性的獨特文學，出版文化也在這時逐漸普及。

江戸川亂歩

えどがわらんぽ

日本推理小說開拓者
心中懷著淡淡少年愛的回憶

生卒年
1894～1965年

出身地
三重縣

類型
？

繪師／時々

人物介紹 Men's Profile

日本推理小說始祖

本名平井太郎。祖母喜愛講談本，母親愛看偵探作品，亂步受到家人影響，度過了喜愛閱讀偵探小說的孩提時代。進入早稻田大學之後接觸到歐美推理小說，深深為之著迷，於是亂步自己也開始執筆寫作。但是在當時的日本，「推理小說」這個文類尚未確立，亂步一直沒有機會登上文壇，直到大正十二年（一九二三年），終於在二十九歲時以《兩分銅幣》出道。該作品大獲肯定，獲得「與外國作品不相上下」的評價。此後亂步持續創作，在推理小說中納入少年愛、SM、被虐與施虐癖、戀偶癖、異性裝扮等元素，不過在戰爭時期也曾經遭到禁止發行的處分。

男色逸話 BL Episode

純潔的少年愛才是理想的愛

亂步的作品當中，僅有《孤島之鬼》一部帶有男色要素，不過本人確實具有少年愛的嗜好。根據大正十五年（一九二六年）發表的散文，亂步的初戀對象是虛歲十五歲時，與他同年的美少年同學。亂步談了場轟轟烈烈的戀愛，彷彿把一輩子的愛都揮霍在此時此刻，不過兩人之間僅止於柏拉圖式的關係。此後，亂步仍然認為對少年清純的愛才是至高無上的戀愛。亂步雖然沒有發生肉體上的男色關係，不過喜歡與同好談論同性之愛，詩人萩原朔太郎、生物學家南方熊楠、畫家岩田準一等人都曾與他有過信件往來，也會彼此借閱藏書。

時代背景

亂步出生於明治時代後期，大正十二年出道成為作家，活躍於大正後期到昭和時代這段時間。當時日本大眾文化蓬勃發展，摩登男女大受歡迎；同時期也曾受到經濟大蕭條波及，引發金融恐慌。此時社會上滿溢著歡迎新時代到來的活力，卻也不甚安定。

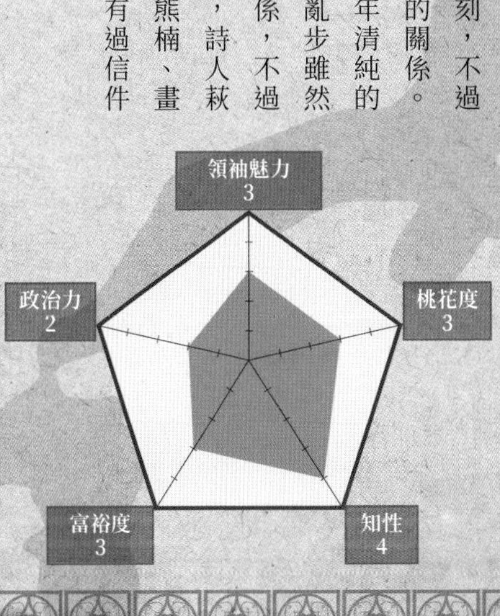

領袖魅力 3
桃花度 3
知性 4
富裕度 3
政治力 2

對「美」的絕對追求
逐漸轉變為民族主義

生卒年
1925～1970年

出身地
東京都

類型
攻

人物介紹
Men's Profile

切腹自殺震驚全日本

本名平岡公威，生於富裕的官僚之家。自幼被祖母當作女孩子一般養育，因此曾在小學時遭到欺凌。就讀東大法學部時，受到川端康成肯定而進入文壇。後來進入當時政府的最高財政機關「大藏省」任職，公餘執筆寫作，不過九個月後便離職成為專職作家。三島陸續發表《假面的告白》、《金閣寺》等引發話題的作品。另一方面，他在三十歲時開始重視鍛鍊身體，一掃自己對肉體的自卑情結。後來三島對唯美世界的追求逐漸帶有民族主義的性質，於是建立了政治組織「楯之會」。昭和四十五年（一九七〇年），他來到陸上自衛隊市谷駐屯地，呼籲自衛官一同發起政變後，切腹自殺而死。

男色逸話
BL Episode

過去的戀人？出版了回憶錄

三島有一些作品描寫男性之間的同性戀愛，因此儘管他娶了妻子、育有一子一女，仍有人認為三島本身也是同性戀。談到這個話題，不能不提一九九八年出版的《劍與寒紅》這本書，這是作家福島次郎將自己過去與三島之間的同性戀關係寫成「小說」的作品。雖然本作號稱是虛構作品，卻連性描寫都鉅細靡遺，引起一番話題。

由於本書刊登了作者與三島往來的信件內容，有侵害著作權之嫌，遺族因此提出禁止出版訴訟。最後遺族方勝訴，本書亦於二〇〇〇年停止販售。

時代背景

此時日本高度經濟成長期接近尾聲，社會上仍存在水俣病等公害問題，亦曾發生東大安田講堂事件、淀號劫機事件，不過大致上還算和平。三島自殺那年三月，日本萬國博覽會在大阪府吹田市揭幕，阿波羅十一號從月球上帶回的岩石成為話題焦點。

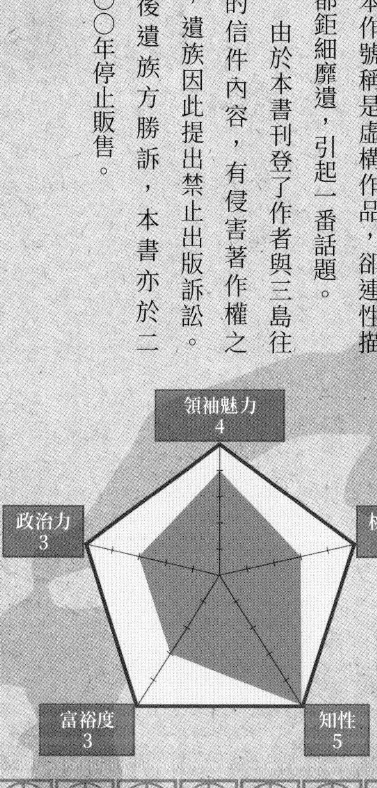

- 領袖魅力 4
- 桃花度 3
- 知性 5
- 富裕度 3
- 政治力 3

讓男色愛好者興奮不已的「若眾歌舞伎」究竟是？

至今仍能在京都祇園祭觀賞到「歌舞伎踊」。輕盈華美的舞姿，不難理解它為什麼大受歡迎。

十七世紀前半葉，約二十五年間，「若眾歌舞伎」在日本大為風行。「若眾」指的是尚未元服的少年，他們年輕俊美、留著劉海，表演時嫵惑動人的姿態在庶民之間引發狂熱。血脈僨張的客人之間難免發生衝突，有時也會出現持利器傷人的案例。

不僅是庶民，若眾歌舞伎也風靡於僧侶、武士之間，據說就連當時的幕府將軍德川家光都為之著迷不已。

歌舞伎源自「歌舞伎踊」，由出雲一位名叫阿國的女性創作，這是女性扮演男性、男性扮演女性，其間夾雜舞蹈的戲劇表演。後來以風塵女子為中心的「女歌舞伎」大受歡迎，然而圍繞著表演女郎的糾紛不斷，因此於一六二九年遭到禁止。

女歌舞伎被禁之後，若眾歌舞伎取而代之興起。自古以來，表演戲劇的男女不僅在舞台上演出，下了舞台也會賣身賺取金錢，若眾歌舞伎也承襲了這個習慣。富商、權貴揮霍大把大把的銀子，四處蒐購俊美的若眾。據說其中有僧侶為了籌錢購買男色，把重要的佛具都賣了，最後身敗名裂，人民對若眾歌舞伎的狂熱可見一斑。

若眾歌舞伎和女歌舞伎一樣，由於敗壞風紀，在一六五二年遭到禁止。歌舞伎就此從出賣姿色的表演，逐漸演變成純粹的大眾戲劇。

第4章

世界的歷史人物

解說

各大領域聞名世界的偉人當中，也存在許多愛好男風的人。例如哲學之祖蘇格拉底、文藝復興時期的天才李奧納多．達文西、戲劇界代表作家莎士比亞、美利堅合眾國建國之父華盛頓……。儘管成員如此冠蓋雲集，不過其中大多數人物並未公開自己的同性戀身分，這是因為中世紀以來，同性戀開始在各國遭到迫害。

在蘇格拉底的時代，男性之間的愛在古希臘十分普遍。當時有個風潮是少年裸裎身體，在年長男性指導下進行鍛鍊，透過雙方的愛組織更加強力的軍隊。哲學家讚揚少年愛是「天上之愛」，彼此議論「愛慾」的概念。

然而基督教逐漸傳播開來之後，同性戀被視為褻瀆神的重罪，因而遭到禁止，尤其在天主教、東正教會普及的國家，更是成為一種犯罪。同性戀被視為「違反自然」的性行為，稱為「性悖軌罪」，拷問後仍不悔改者以火刑等方式處死。不過藝術界當中，受到男色吸引的人特別多，有些藝術家將自己對男性的肉慾昇華為作品，例如文藝復興時期的米開朗基羅便是如此。

到了十八～十九世紀，許多國家雖然減輕相關刑罰，但城市中建立了警察制度，同性戀被視為一種風俗犯罪，仍持續遭到取締。十九～二十世紀，「性悖軌」才開始以「同性戀」一詞逐漸廣為人知，隨著醫學發展，也出現同性戀是一種先天疾病的看法。

在這種時代背景下，前衛作家慢慢開始表明自己的同志身分。英國的奧斯卡·王爾德因男色關係遭到告發、監禁，衝擊當時的社會。法國首開世界先例，將同性戀除罪化，但同志遭受的歧視與偏見並未因此消失。另一方面，男色同好聚集在藝術家與貴族的沙龍當中，少年賣春的男娼館開始風行。後來安德烈·紀德在出版作品中表白自己的同性戀傾向，一九三〇年以後，開始出現以同性愛為主題的文學作品。

隨著時代演進，社會上陸續出現同性戀平權運動，不過直到一九七〇年代以後，世界各地才興起同性戀合法化的浪潮。

蘇格拉底

Socrates

貫徹柏拉圖式愛情
在少年身上尋求美德的哲學家

生卒年
西元前469～
西元前399年

出身地
希臘雅典

類型
攻

繪師／ムラシゲ

Men's
人物介紹
Profile

以「無知之知」探究真理

蘇格拉底生於古雅典城邦（位於現今的雅典），年輕時代從軍，愛人是俊美的軍人阿爾西比亞德斯，蘇格拉底也曾經為了保護他勇猛應戰。晚年儘管生活貧困，仍專心致志鑽研哲學，探求真正的知識與善美。蘇格拉底以「無知之知」的思想聞名，也就是「認識到自己的無知時，你就比對方擁有優勢」。為了驗證這個主張，他與政治家、講授辯論術的「智辯家」進行問答，也因此樹立了不少敵人。後來蘇格拉底遭到審判，罪名是「冒瀆國家信奉的神祇」，最後他接受了死刑判決。蘇格拉底本身並未留下著作，可以從弟子們的著作當中瞭解他的一言一行。

BL
男色逸話
Episode

在議論愛慾的聚會上與愛人拌嘴

蘇格拉底在問答中猛攻對手，有「電鯰」的別名，同時也是以三寸不爛之舌引導青少年的能手。不過他娶了兩位妻子，也育有小孩，並未與男性越線發生關係。

弟子柏拉圖的對話作品《會飲篇》當中，描寫了有識之士聚集在悲劇詩人阿伽松的宅邸，談論「愛慾」（Eros，美少年姿態的愛神）的情形。議論過程中，蘇格拉底暗指少年愛是「超越肉體之美，對靈魂之美的追求」。到了尾聲，阿爾西比亞德斯闖了進來，抱怨蘇格拉底「即使兩人同床共枕也不為所動」，蘇格拉底則開玩笑說，「你是打算挑撥我和阿伽松的感情吧」。

領袖魅力	5
桃花度	4
知性	5
富裕度	2
政治力	2

時代背景

同性戀在古希臘十分普遍。裸裎身體在體育場上進行鍛鍊是少年的義務，年長男性則透過愛和肢體接觸施予教育。此外，當時認為異性之間的愛僅追求肉體上的快感，是低俗的愛，能帶來精神之美的少年愛則被視為「大上之愛」。

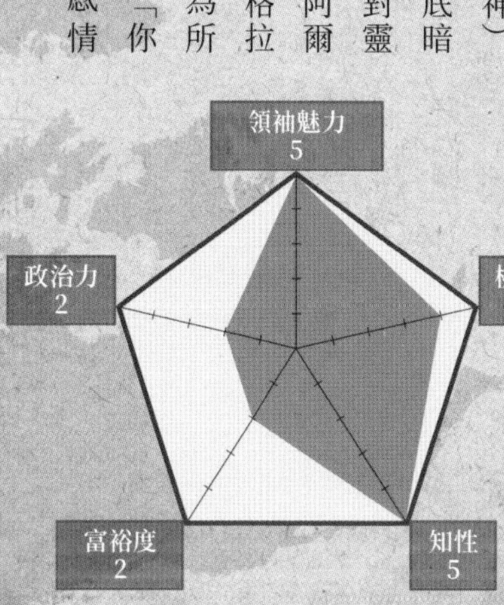

李奧納多・達文西

Leonardo da Vinci

與俊美弟子們
共度生涯的萬能天才

生卒年
1452～1519年

出身地
義大利芬奇鎮

類型
可攻可受

繪師／汐街コナ

Men's

人物介紹

Profile

於各大宮廷發揮眾多領域的才華

達文西是文藝復興時期具代表性的藝術家，研究涉及音樂、建築、科學、解剖學、天文學等眾多領域，是萬能的天才。他是私生子，出生於佛羅倫斯近郊的芬奇鎮，十四歲成為藝術家委羅基奧的學生。在工作室累積學習經驗後，達文西三十歲時為米蘭公爵工作，以畫家、音樂家、都市計畫人、軍事技術家等身分發揮所長。四十六歲時創作聖瑪利亞感恩教堂的壁畫《最後的晚餐》，五十餘歲創作了未完成的名畫《蒙娜麗莎》。之後輾轉於歐洲各地宮廷，在法蘭索瓦一世贈予的克洛呂斯城堡中度過人生最後一段時光。據說達文西長相相當俊俏，不過他生涯都保持單身。

BL

男色逸話

Episode

小惡魔、貴族……多人隨侍在側

達文西二十四歲時，曾遭人密告「與十七歲金匠雅客布發生性關係」而被逮捕，最後由於證據不足獲釋。一般認為達文西在成熟期以後，至少與兩位學生有過同性關係。其中一人是賈可蒙，他從十歲開始到達文西身邊工作，一待就是二十六年。由於他任性又愛惡作劇的性格，素有「小惡魔」的暱稱，受到達文西寵愛，也留下許多以他為模特兒描繪的半裸畫像、性器手稿。另一人則是十六歲的梅爾茲，他出身貴族，成為達文西晚年的秘書兼助手，全心全意為他奉獻。看來達文西不僅涉獵領域多元，也將各種類型的美少年納為弟子。

時代背景

中世紀以後同性戀被視為重罪，尤其是文藝復興時期的義大利，明文訂定了嚴厲罰則，視情況可能判處火刑等極刑。當時的佛羅倫斯也設有獎金制度，鼓勵密告男色，不過藝術家之間則流行在背地裡保有同性戀關係。

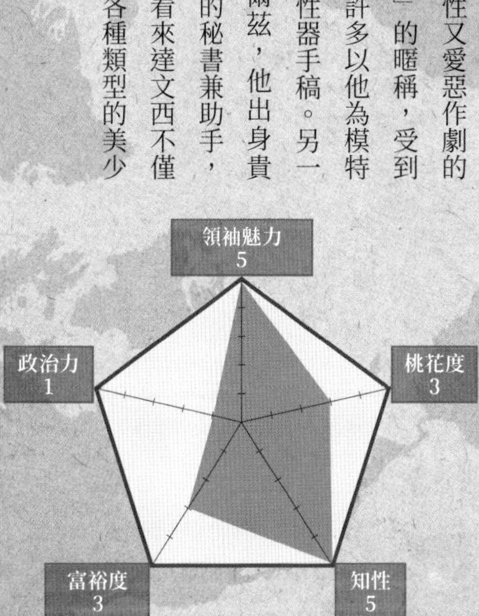

領袖魅力 5

桃花度 3

知性 5

富裕度 3

政治力 1

米開朗基羅

Michelangelo

對少年的肌肉之美
傾注愛情直到享盡天年

生卒年
1475～1564年

出身地
義大利卡普雷塞

類型
受

繪師／猫屋くりこ

Men's 人物介紹 Profile

喜歡肌肉男寫下許多情詩

以雕刻家、畫家、建築師、詩人的身分發揮豐富多彩的才華，相當於李奧納多．達文西的競爭對手。不過達文西的藝術風格纖細，以陰柔的方式描繪男性；米開朗基羅則正好相反，崇尚男性肉體之美，連女性都以肌肉健壯的風格呈現，代表作「大衛像」、壁畫《最後的審判》也明顯表現出這一點。

米開朗基羅以大富豪麥第奇家、羅馬教皇為贊助人活動之後，直到老年仍持續活躍於設計等領域，八十八歲時過世。身後留下三百首以上的十四行詩，其中大部分是獻給心儀美少年的詩作。

BL 男色逸話 Episode

健美的模特兒送他最後一程

米開朗基羅六十八歲時，愛上美少年策奇諾，他卻於十五歲夭折，陪伴米開朗基羅長達四分之一世紀的愛徒烏爾庇諾，也早他一步與世長辭。

米開朗基羅離世前送他最後一程的，是比他小三十四歲的貴族托瑪索。托瑪索已經娶妻，米開朗基羅仍然一生深愛著他。米開朗基羅五十七歲時創作的健美「勝利」像，便是以托瑪索為模特兒雕塑而成，他也曾將素描畫作《劫持伽倪墨得斯》贈予托瑪索，畫中描繪老鷹擄走裸體少年的情景，是一幅帶有夢幻色彩的作品。

米開朗基羅寫給男性的詩作雖於一六二三年出版，卻由親戚全部修改為寫給女性的措辭。直到一八六三年，原文才公諸於世。

時代背景

由於基督教的禁慾主義，這個時代對「性悖軌罪」存在嚴厲的刑罰。另一方面，社會上也存在新柏拉圖主義風潮，提倡復興柏拉圖《會飲篇》的世界。米開朗基羅受其影響的同時，也為自己身為天主教徒的罪惡意識而苦惱。

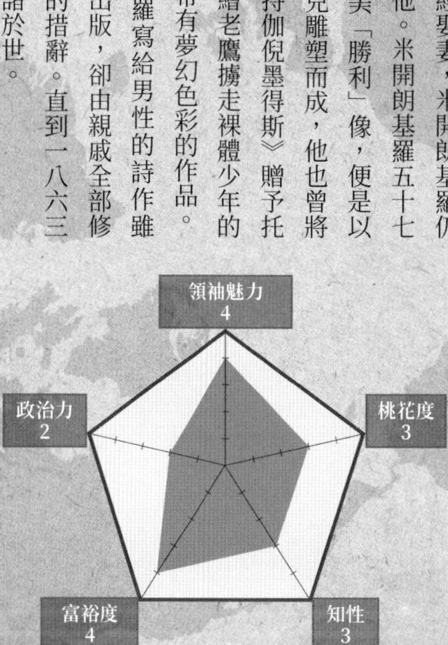

領袖魅力	4
桃花度	3
知性	3
富裕度	4
政治力	2

威廉・莎士比亞

William Shakespeare

同性戀、雙性戀、三角關係？
引發各式揣測的文豪

生卒年
1564～1616年

出身地
英格蘭雅芬河畔
史特拉福

類型
可攻可受

繪師／流離簿

Men's
人物介紹
Profile

與男演員共同演出各類戲劇

莎士比亞是伊莉莎白王朝文藝復興時期的代表劇作家、詩人，生於富裕商人之家。十八歲時與較他年長的女性結婚，育有子嗣。二十餘歲進入倫敦戲劇界，一開始擔任演員，後來以劇作家身分大展長才，三十歲成為宮內大臣劇團專屬作家，聲名遠播。

莎士比亞的創作領域廣泛，歷史劇、喜劇、悲劇皆有涉獵，為後世留下《理查三世》、《仲夏夜之夢》、《哈姆雷特》等三十八部左右的傑作。另外，當時的戲劇界沒有女性演員，包括《羅密歐與茱麗葉》中的茱麗葉等女性角色，也是由俊美的男性演員飾演。

BL
男色逸話
Episode

愛的詩集獻給身分成謎的W．H先生

一六〇九年少量發行的《十四行詩集》當中，收錄寫給男性愛人「我熱愛的情婦兼情郎」的一百二十六首詩，以及寫給女性愛人的二十六首詩。曾被全數修改為獻給女性的詩作重新出版，直到一七八〇年，原文公諸於世，莎士比亞可能是同性戀或雙性戀的說法才浮上檯面。

這些詩作當中提及男性愛人長相陰柔，也有女性愛人誘惑男性的情節，引發三角關係的聯想。詩集卷首獻詞為「獻給W．H先生」，有說法認為W．H先生是亨利．萊爾沙斯利伯爵，也有一說是少年演員威廉．休斯，眾說紛紜。

時代背景

同性戀在英格蘭被視為重罪，出版品也有相當慎重的顧慮。不過有同性戀傾向的文豪並不在少數，同時期的當紅劇作家馬羅也是其中一人。根據後來奧斯卡．王爾德提倡的說法，馬羅曾經橫刀奪愛，從莎士比亞身邊短暫搶走演員休斯。

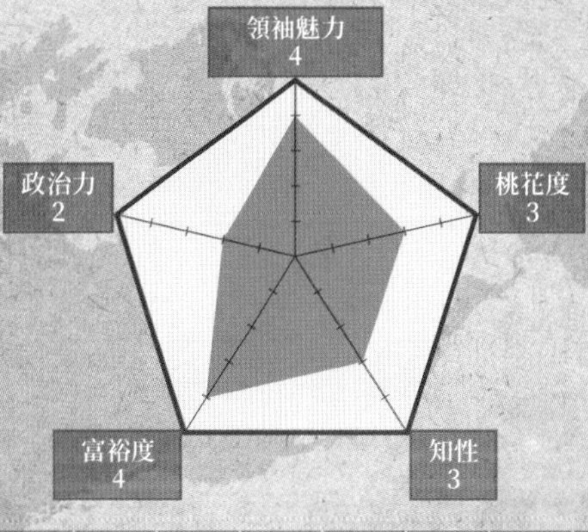

領袖魅力	4
桃花度	3
知性	3
富裕度	4
政治力	2

彼得・柴可夫斯基

Peter Tchaikovsky

家務幫傭、姪子，甚至是親弟弟
盡情享受同志人生的作曲家

生卒年
1840～1893年

出身地
俄羅沃特金斯克

類型
攻

繪師／シキユリ

Men's

人物介紹

Profile

辭去官職成為音樂家 帶著男色關係結婚

柴可夫斯基以芭蕾舞曲《天鵝湖》、《胡桃鉗》聞名，童年開始便展現音樂才華，卻進入住宿制的法律學校就讀，後來於司法部就任文官。中途開始立志走上音樂之路，辭去官職，二十六歲成為莫斯科音樂學院講師。業餘上演歌劇等，接受富豪夫人資助，躍身為成功的作曲家。

三十七歲時，面對向他求愛的女性，柴可夫斯基向對方坦白「我無法愛上女性」之後與她結婚，婚姻生活卻在兩個半月後破裂。妻子精神錯亂，生下了其他男人的孩子，但並未與他離婚，持續要求他寫信、給予生活資助。柴可夫斯基五十三歲時，完成第六號交響曲後與世長辭。

BL

男色逸話

Episode

與無數男性發生關係 也留下自殺疑雲

柴可夫斯基生涯當中與學生、傭人等百餘位男性發生關係，將感情交往過程寫在日記當中，時而創作出獻給對方的名曲。他在住宿制學校中與學弟關係親密，成為作曲家以後，則與聘僱來做家務幫傭的俊美兄弟享受同居生活。與自己的一對雙胞胎弟弟，安納托里、莫德斯特也有男色關係，到了四十幾歲時則對十四歲的姪子鮑柏沉迷不已。

柴可夫斯基甚至與一位公爵的姪子也發生關係，卻因為這件事於一八九三年遭受秘密審判。一般認為柴可夫斯基死於霍亂，也有一種說法認為，他其實是在此時被判自殺，因此於家中服毒身亡。

時代背景

當時音樂家的社會地位低下，不過鋼琴家魯賓斯坦兄弟開設了俄羅斯國內第一所音樂學院，促進了音樂家的養成。柴可夫斯基於該音樂學院中學習、執起教鞭，受到他們的庇護。由於基督教的關係，同性戀在當時被視為重罪，須判處流放西伯利亞的刑罰。

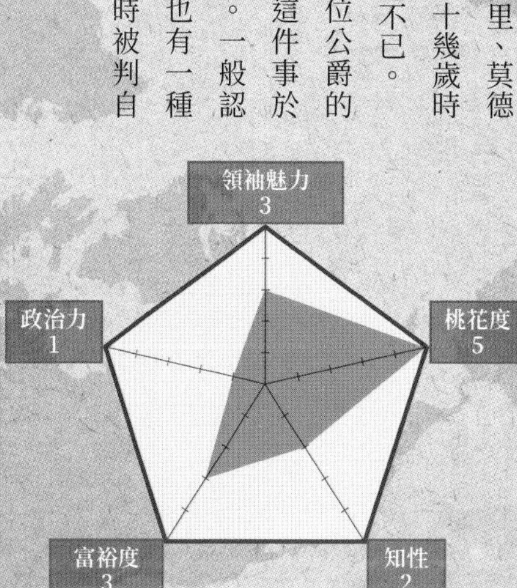

領袖魅力 3
桃花度 5
知性 2
富裕度 3
政治力 1

喬治・華盛頓

George Washington

「美國建國之父」愛著獨立戰爭以與他攜手共度的青年

生卒年
1732～1799年

出身地
美國維吉尼亞

類型
可攻可受

繪師／唯奈

Men's
人物介紹
Profile

以領導能力與中立策略博得支持

華盛頓生於英屬維吉尼亞殖民地，成為父親遺留的黑奴農場主人。他一開始擔任土地測量師，後來以軍人身分在法國印地安人戰爭中大顯身手。一七七五年擔任總司令官，指揮美國獨立戰爭，一七八三年成功獨立。對印地安人冷酷無情，曾經指揮大規模虐殺。

一七八九年，華盛頓就任美利堅合眾國第一任總統，打下聯邦制度的基礎，外交方面則對各國表達中立的立場，發揮壓倒性的領導能力。雖然他家境寬裕，卻偏好樸實生活。華盛頓拒絕連任第三屆總統，完成兩屆任期後，由於染上咽喉炎、肺炎於自宅過世。

BL
男色逸話
Episode

與漢密爾頓度過比妻子更親密的時光

瑪莎帶著前一段婚姻的孩子與華盛頓結婚，不過兩人之間並沒有再生下小孩，有一說認為華盛頓一輩子都對女性缺乏興趣。華盛頓曾想為歷史名將建造胸像，名單上的亞歷山大大帝、尤利烏斯．凱撒等名將，清一色都是男同志，這點也頗耐人尋味。

同為美國開國元勛之一的亞歷山大．漢密爾頓曾有同性戀疑雲，亦與華盛頓關係親密。獨立戰爭時華盛頓任命他為副官，同時擔任私人秘書；華盛頓就任總統後，則任命漢密爾頓為財政部長。他不僅是華盛頓的左右手，也受到如妻子般深情的對待。漢密爾頓與女性結婚時，據說華盛頓醋勁大發，兩人因此吵了一架。

時代背景

與英國等地相同，「性悖軌」在美國也被視為犯罪，過去曾有判死刑的案例，不過在一七七九年的維吉尼亞州刑法草案籌備當中，曾出現改為去勢之刑的構想。附帶一提，第一任美國總統的候補之一，普魯士王子亨利（腓特烈大帝之弟）也是男同志。

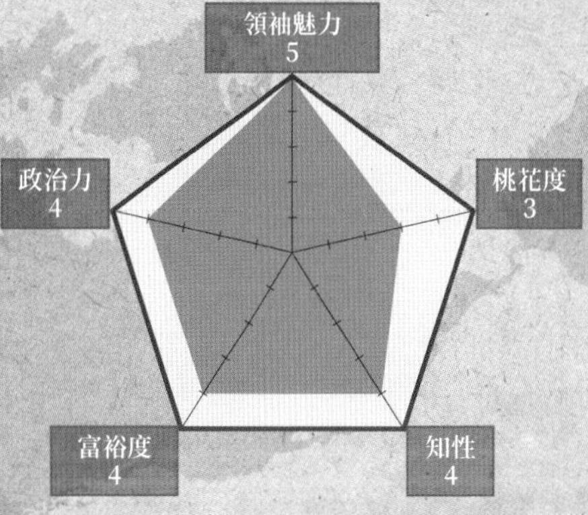

領袖魅力	5
桃花度	3
知性	4
富裕度	4
政治力	4

亞伯拉罕・林肯

Abraham Lincoln

富領導魅力的總統，
與年輕男性同床共枕是日常生活一部分

生卒年
1809～1865年
出身地
美國肯塔基州
類型
攻

繪師／そらお

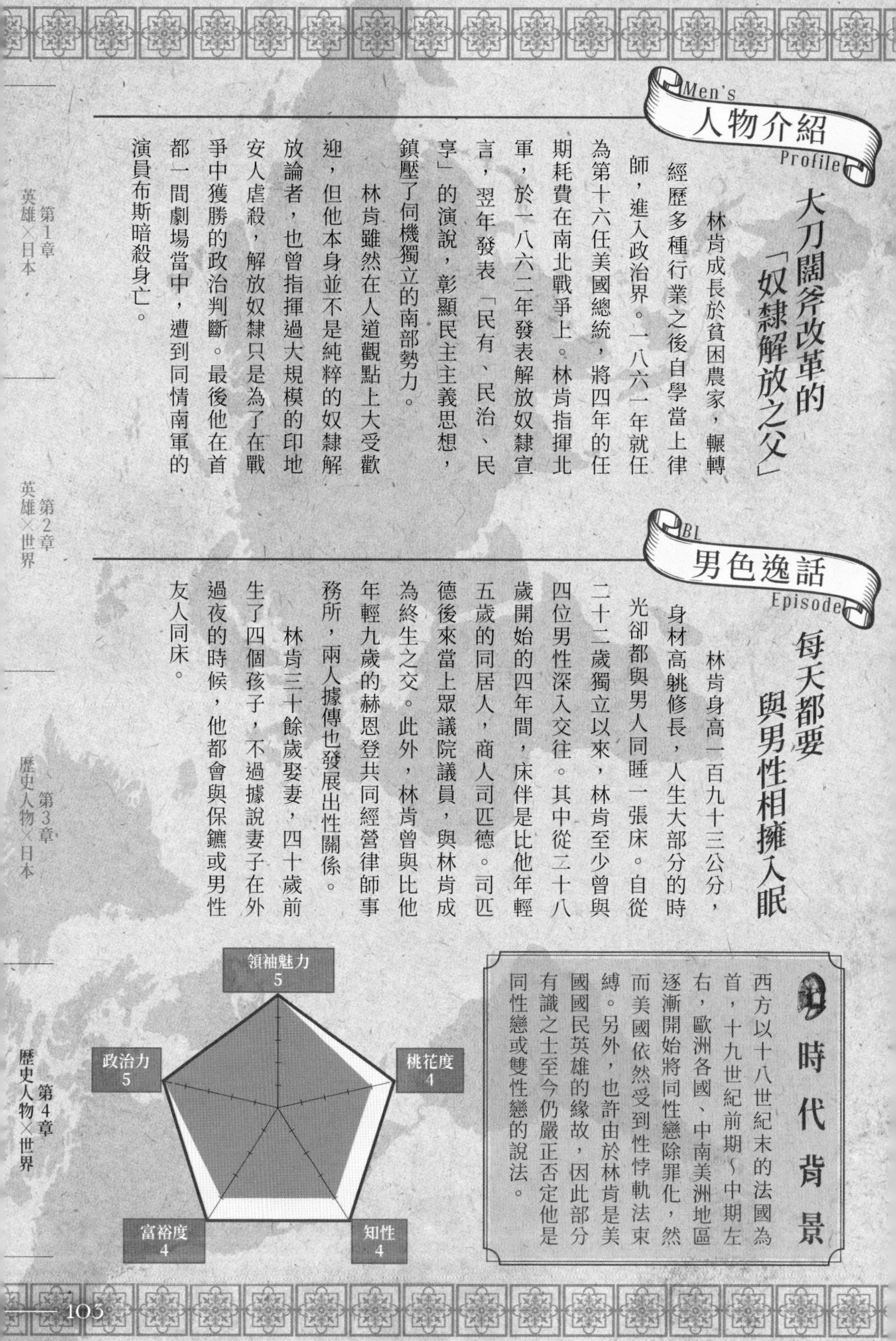

Men's
人物介紹
Profile

大刀闊斧改革的「奴隸解放之父」

林肯成長於貧困農家，輾轉經歷多種行業之後自學當上律師，進入政治界。一八六一年就任為第十六任美國總統，將四年的任期耗費在南北戰爭上。林肯指揮北軍，於一八六二年發表解放奴隸宣言，翌年發表「民有、民治、民享」的演說，彰顯民主主義思想，鎮壓了伺機獨立的南部勢力。

林肯雖然在人道觀點上大受歡迎，但他本身並不是純粹的奴隸解放論者，也曾指揮過大規模的印地安人虐殺，解放奴隸只是為了在戰爭中獲勝的政治判斷。最後他在首都一間劇場當中，遭到同情南軍的演員布斯暗殺身亡。

BL
男色逸話
Episode

每天都要與男性相擁入眠

林肯身高一百九十三公分，身材高眺修長，人生大部分的時光卻都與男人同睡一張床。自從二十二歲獨立以來，林肯至少曾與四位男性深入交往。其中從二十八歲開始的四年間，床伴是比他年輕五歲的同居人，商人司匹德。司匹德後來當上眾議院議員，與林肯成為終生之交。此外，林肯曾與比他年輕九歲的赫恩登共同經營律師事務所，兩人據傳也發展出性關係。

林肯三十餘歲娶妻，四十歲前生了四個孩子，不過據說妻子在外過夜的時候，他都會與保鑣或男性友人同床。

時代背景

西方以十八世紀末的法國為首，十九世紀前期～中期左右，歐洲各國、中南美洲地區逐漸開始將同性戀除罪化，然而美國依然受到性悖軌法束縛。另外，也許由於林肯是美國國民英雄的緣故，因此部分有識之士至今仍嚴正否定他是同性戀或雙性戀的說法。

奧斯卡・王爾德

Oscar Wilde

因入獄身敗名裂
世界知名的同性戀作家

生卒年
1854～1900年

出身地
愛爾蘭都柏林

類型
受

繪師／rikko

Men's
人物介紹
Profile

以唯美主義與男色關係在世間掀起騷動

生於名醫之家，童年被當成女孩子一樣養育，牛津大學首席畢業生。發表的詩集受到文壇肯定，後來出版童話《快樂王子》、長篇小說《格雷的畫像》、劇本《莎樂美》等唯美作品，成為倫敦大受歡迎的作家。

三十歲時娶妻生子，不過仍一心沉溺與藝文界的男色友人、男娼館的賣春少年們交流。於男色關係的審判中敗訴，服役後失去財富、名聲、戀人，一無所有，在絕望中感染腦膜炎而去世。王爾德是因同性戀身分遭到社會放逐的近代名人，他也因此成為最有名的男同志之一。

BL
男色逸話
Episode

被少年玩弄於股掌間遭背叛後以死亡收場

王爾德在十七歲的書迷羅伯特．洛斯誘惑之下，於三十二歲時邂逅男色，亦曾與年輕詩人約翰．格雷交往。三十七歲時，他迷上了二十一歲的金髮美男子阿爾弗雷德．道格拉斯，兩人之間的關係成為社交界的八卦話題。在放蕩的道格拉斯介紹之下，王爾德也開始上男娼館。

王爾德四十一歲時，遭到道格拉斯的父親昆斯貝理侯爵中傷。王爾德在道格拉斯鼓吹之下提出告訴，不料對方準備了眾多證人，原告、被告立場逆轉，演變為追究王爾德男色關係的一場審判，最後王爾德被判監禁兩年與重勞動刑。獲釋後王爾德破產，身體衰弱，道格拉斯則草草將他拋棄。

時代背景

一八六一年，英國雖然廢止了性悖軌罪的死刑，然而在一八八五年刑法修正後，男性之間的所有性行為都被視為犯罪（肛交為重罪，其他則是輕罪）。此外，維多利亞王朝重視階級制度，王爾德卻對不分階級的同性愛持肯定態度，因而遭受猛烈批判。

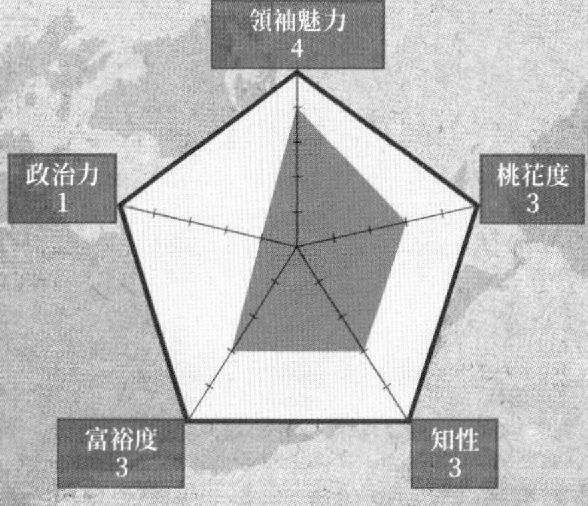

領袖魅力	4
桃花度	3
知性	3
富裕度	3
政治力	1

尚・考克多
Jean Cocteau
屬於「培育」年輕人的類型
確立綜合藝術的詩人
生卒年
1889～1963年
出身地
法國邁松拉非特
類型
攻

繪師／唯奈

Men's 人物介紹 Profile

將所有的美賦予形象，廣結知己

考克多成長於重視藝術的布爾喬亞家庭，時常出入沙龍，十九歲於詩壇嶄露頭角。他接連發行數部詩集，並涉獵小說、繪畫、電影與芭蕾導演等，活躍於多種藝術領域的第一線。與眾多名人皆有深交，如薩提、畢卡索、可可．香奈兒都是他的朋友。代表作有小說《可怕的孩子們》，電影《奧費斯》、《美女與野獸》等。

考克多交往過的女性眾多，不過他沒有結婚，為了追求藝術之美與高尚的精神而選擇男性之愛。同時代提倡超現實主義的詩人布勒東、只在男性身上尋求肉體快感的小說家紀德，與考克多之間皆為對立關係。

BL 男色逸話 Episode

發掘拉迪蓋的才華為他的死而哀慟

考克多二十九歲時，邂逅了十五歲的拉迪蓋，對其詩作大加讚賞，全面協助他出版小說處女作《肉體的惡魔》。託考克多的福，拉迪蓋一躍而成時代寵兒。拉迪蓋揮霍無度、女性關係複雜，考克多雖然頭疼，仍稱他為「bébé（寶貝、嬰兒）」，對他寵愛有加。

不久，拉迪蓋改過自新，專心執筆三島由紀夫也愛不釋手的長篇小說《歐傑爾伯爵的舞會》，後來卻感染傷寒，於二十歲時猝然離世。考克多為此悲嘆不已，往後十年沉迷鴉片解愁。不過在此之後，考克多仍然與文學青年、演員尚．馬赫等人結為愛人，極力培養他們的才華。

時代背景

法國歷經法國大革命之後，十九世紀初葉於拿破崙法典中將同性戀合法化。然而同性戀者仍持續遭受歧視，第二次世界大戰後，法國刑法更換另外一種說法，禁止了同性間的性行為。當然，藝術家之間仍然常見男色關係，考克多曾匿名出版小說《白皮書》，表白自己的同性戀傾向。

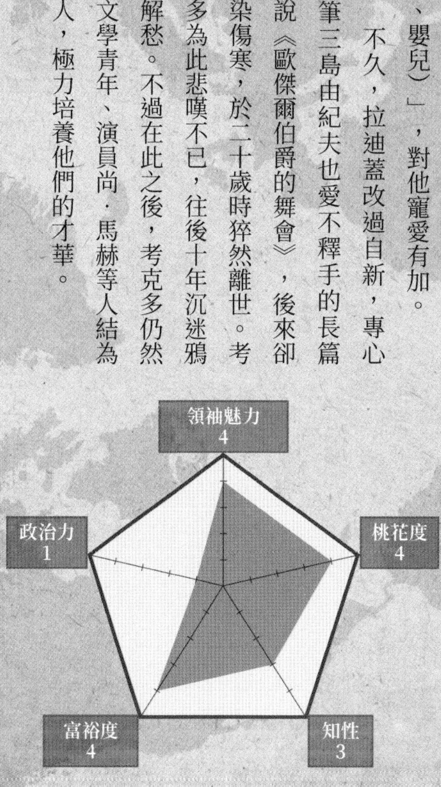

領袖魅力	4
桃花度	4
知性	3
富裕度	4
政治力	1

安德烈·紀德

André Gide

懷著心目中理想的女性形象
從少年身上尋求快感的小說家

生卒年
1869～1951年

出身地
法國巴黎

類型
可攻可受

繪師／シキユリ

Men's 人物介紹 Profile

作品因悖德內容與同志告白被列為禁書

紀德於一九四七年獲頒諾貝爾文學獎，然而在他過世之後，所有著作卻被羅馬教皇廳指定為禁書。他的小說當中，有詰問基督教道德觀的《窄門》、語帶諷刺的《梵蒂岡地窖》、為同性戀辯護的《田園牧人》，以及公開自己的男同性戀傾向，力排眾議出版的作品《如果麥子不死》等。

紀德生於嚴格的新教徒家庭，二十六歲時與他戀慕的表姊瑪德萊娜結婚。對紀德而言，瑪德萊娜是純潔的理想女性，他與妻子維持柏拉圖式的關係，與男性一同沉醉於快感之中。

BL 男色逸話 Episode

「肉體與感情無關」後來嘗到了嫉妒滋味

紀德二十四歲時赴北非旅行，在那兒邂逅了一位阿拉伯少年；再次到訪時則偶遇奧斯卡·王爾德，在王爾德介紹下接觸其他少年，嘗到男色的魅力，從此與多位男性耽溺於快感當中。另外，從日記中可以發現紀德相當厭惡因肛交產生的男方、女方角色分配。

紀德將肉慾與精神分開思考，然而當他看見未來的電影導演、當時十七歲的馬克·阿勒格萊，與尚·考克多關係親密，儘管當時紀德已四十八歲，仍然為此感到嫉妒。此外，由於馬克是熟識的牧師之子，忍耐至今的妻子終於對紀德絕望，兩人的關係逐漸破裂。紀德雖然為此倍感悔恨，五年後仍與女性情人生下了孩子。

時代背景

一七九一年，法國將男色除罪化，男男性行為於拿破崙法典中已經合法，然而國內警察仍暗中加以監視，以曾經從事少年賣春者的資料為依據，製作男色愛好者的名簿。此外，二十世紀醫學逐漸發達，將同性戀視為精神疾病的看法也在全世界廣為傳播。

領袖魅力 3
桃花度 3
知性 2
富裕度 3
政治力 2

馬塞爾・普魯斯特

Marcel Proust

將自己對母親的扭曲愛情與性慾，倒錯轉移至男性身上

生卒年
1871～1922年

出身地
法國奧特伊

類型
攻

繪師／うおのめうろこ

Men's 人物介紹 Profile

與上層階級交流 執筆長篇大作

普魯斯特花費半生光陰，寫成長達三千頁的夢想大作《追憶逝水年華》。該小說的登場人物當中，有不少是以普魯斯特認識的人為原型，例如深受他敬愛的孟德斯鳩伯爵等。一般認為小說敘事者的戀人．阿爾貝蒂娜，就是普魯斯特的同性戀對象阿戈斯提奈利。

普魯斯特的父親是頗有名望的醫學教授。普魯斯特自幼受氣喘所苦，體質羸弱，因此並未就職，專心致志於文學。政治學院畢業後，他開始出入於紙醉金迷的社交界，四處恭維應酬、散播愛的絮語，曾經向新進男性藝術家以及較他年長許多的貴婦求歡。

BL 男色逸話 Episode

施虐癖、有戀母情結的男色愛好者

普魯斯特十七歲時愛上作曲家比才的兒子，卻遭對方拒絕，三十四歲時遭逢最親愛的母親過世，使他發展出獨特的性癖好。他提供資金援助，開設男娼館，在那裡透過偷窺孔觀看熟識貴族的獸慾。與戀人性交時，他曾經將口水滴在母親的照片上，也曾經為了填補失去母親的寂寞，將作曲家漢恩叫到旅館。

阿戈斯提奈利是普魯斯特的秘書，比他年輕十一歲，女性關係混亂、揮霍無度，還鬧過失蹤，讓普魯斯特傷透腦筋。最後他拿普魯斯特的資金參加飛機駕駛訓練，卻在訓練過程中身亡。兩人之間的癡情與悲劇，對於普魯斯特創作的故事影響甚鉅。

時代背景

與普魯斯特同時代的安德烈．紀德表明自己的同性戀傾向，尚．考克多匿名出版自白作品，普魯斯特雖然沒有明說，也與男性戀人堂堂闊步於社交界。歧視雖然沒有消失，不過在率先將同性戀合法化的法國，可以說創作者之間有揭示自己同志身分的傾向。

領袖魅力 3
桃花度 3
知性 3
富裕度 4
政治力 2

因男色導致家庭崩壞
提倡和平的世界文豪
Tolstoy
托爾斯泰
生卒年
1828～1910年
出身地
俄羅斯亞斯納亞·
博利爾納
類型
可攻可受

繪師／猫屋くりこ

Men's
人物介紹
Profile

持續挑戰社會的不平等

托爾斯泰生於歷史悠久的伯爵家族，幼年雙親過世，由女性親戚撫養長大。托爾斯泰繼承農地後，積極改革農民生活，卻以失敗收場。後來發表自傳小說《童年》，成為備受矚目的文壇新秀。代表作有《戰爭與和平》、《安娜．卡列尼娜》、《復活》等。

托爾斯泰對於國內外的文學、政治、社會影響甚鉅。日俄戰爭與第一次俄國革命鼓吹的非暴力主義思想，引起了印度的甘地共鳴；往後受到蘇聯共產黨公認、於俄羅斯實行的無政府主義，以及經濟改革後的學校教育，也都有他的影響力存在。

BL
男色逸話
Episode

秘密日記被妻子偷看……

二十三歲時，托爾斯泰在日記中寫下他與男性友人共度夜晚的情景：「兩人裹著一條毯子，我多想用吻與淚將他吞噬殆盡。」自此以後，托爾斯泰與自己的土地管理人關係匪淺，多年後也與散發知性氣質的秘書切爾科夫發展為親密關係。

托爾斯泰三十四歲時與妻子結褵，由於妻子懷疑他與秘書有同性戀關係，曾對兩人正式提出告訴。妻子偷看托爾斯泰的日記，看見裡頭寫著「我從來沒有喜歡過女人，倒是時常愛上男人」，兩人因此大吵一架，關係破裂至無法復合的地步。托爾斯泰離家出走，在列車上感染肺炎而過世。

時代背景

自十八世紀末開始，歐洲將同性戀除罪化的國家逐漸增加，但俄羅斯仍然視之為重罪，一八三二年訂定同性戀的懲罰為五年以下的流放西伯利亞之刑。一九一七年俄國革命後，同性戀雖曾經一度合法化，在史達林政權時又再度恢復刑罰。

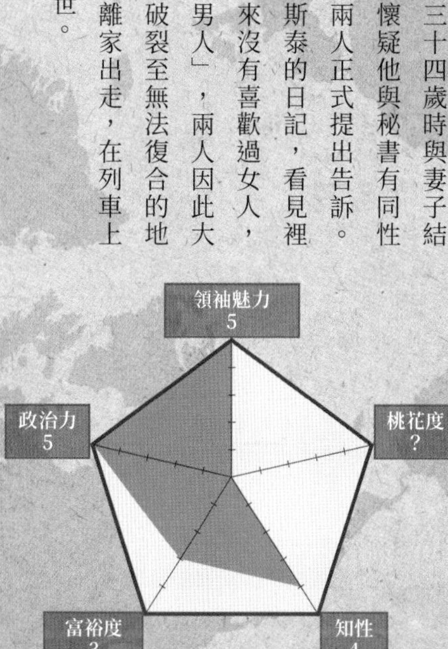

領袖魅力 5
桃花度 ?
知性 4
富裕度 3
政治力 5

湯瑪斯・曼

Thomas Mann

對少年的肌肉之美傾注愛情
直到享盡天年

生卒年
1875～1955年

出身地
德國呂貝克

類型
可攻可受

Men's
人物介紹
Profile

描寫內心糾葛　因反納粹而流亡

湯瑪斯．曼成長於富裕的商人家庭，由於家道中落搬遷至慕尼黑，下定決心成為作家。他專注於創作，以自己的家族為原型寫成長篇《布登勃洛克家族》，自此揚名文壇。《威尼斯之死》、《魔山》等作品描寫人類內心的糾葛與成長，於一九二九年獲頒諾貝爾文學獎。

第一次世界大戰爆發時，湯瑪斯．曼於著作中擁護德國，德國戰敗後則提倡公民社會，巡迴各地演講。一九三〇年左右，納粹勢力抬頭，湯瑪斯．曼呼籲大眾警覺其危險性。希特勒掌握政權之後，湯瑪斯．曼舉家流亡，於瑞士、美國等地度過餘生。

BL
男色逸話
Episode

持續扮演好丈夫　好爸爸的角色

湯瑪斯．曼死後，大量日記公諸於世，揭露了他是同性戀者的事實。他與妻子感情和睦，膝下育有六子，因此這個真相為世間帶來巨大的衝擊。湯瑪斯．曼從年輕時代到晚年邂逅了眾多青年，把自己對他們的慾望寫進日記當中。其中他愛得特別深的，是年輕俊美的金髮友人保羅，以及七十五歲時邂逅的少年，年僅十七歲的克勞斯。

湯瑪斯．曼在乎世俗眼光，努力扮演尋常的普通人，也曾經發表抨擊同性戀、讚揚異性戀的文章。流亡之前一部分的日記已經焚毀，因此無從得知他是否曾與青年有過性關係。

時代背景

一八七一年，德意志帝國成立，於法典中禁止同性戀；也是在這個時期，世人開始使用「同性戀（homosexual）」一詞。第一次世界大戰後，性方面的限制逐漸鬆綁，然而希特勒掌握政權時，又再次強化了同性戀的取締。

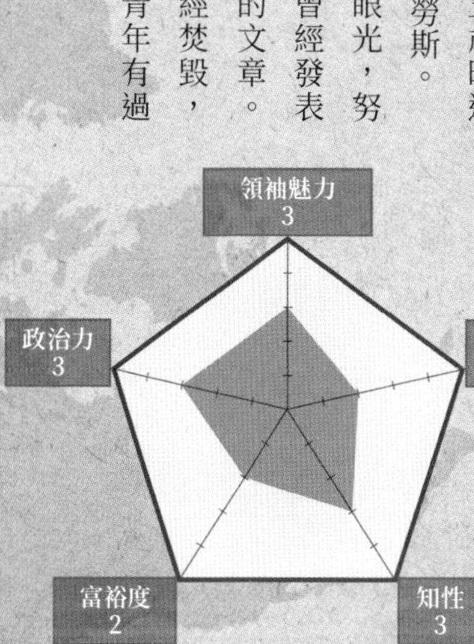

領袖魅力	3
桃花度	2
知性	3
富裕度	2
政治力	3

尚・惹內

Jean Genet

竊盜累犯，純然異色的同性戀作家

生卒年
1910～1986年

出身地
法國巴黎

類型
可攻可受

繪師／時々

Men's

人物介紹

Profile

順手牽羊的棄兒 與考克多相遇

生父不明，生母為娼妓，出生後不久被遺棄。在寄養家庭、孤兒院屢次偷竊，十五歲時被送到感化院。成人後過著竊盜、賣淫的生活，放浪歐洲各地，多次反覆入獄。

回到巴黎服役時，寫下詩集《死刑囚》、小說《繁花聖母》。充滿惡行與性愛的文采令詩人尚·考克多倍感驚豔，在考克多庇護之下，惹內三十三歲時於文壇嶄露頭角。此後他仍然不改偷竊習慣，因而被判終生監禁，最後在考克多與交情甚篤的哲學家沙特等人請願之下，獲得總統特赦。獲釋後發表了小說、戲劇作品，多年後參與五月革命等政治運動。

BL

男色逸話

Episode

由受轉攻 對男人付出獻身的愛

在感化院當中，少年之間的暴行恣意蔓延，惹內女性化的容貌受人注意，在此體驗了同性愛。不論在放浪生活當中或是歸國之後，惹內屢次與男性同居，小說中鉅細靡遺地描寫了他在巴黎接觸到的女裝文化。考克多遇見惹內時，他與十幾歲的共產主義者尚恩一同經營古書店，偷來的書籍也是他們商品的一部分。

惹內原本是被動的一方，從三十五歲左右開始卻主動向年輕男孩子進攻。惹內深愛著十八歲少年路西安，他的自傳式代表作《竊賊日記》當中亦能看到路西安登場。路西安與女性結為連理的時候，惹內非常替他高興，甚至拚命籌錢為他蓋新房。

時代背景

十九～二十世紀，歐洲對同性戀的態度仍在變動之中。法國雖然率先將同性戀除罪化，一九四二年卻在維琪政權下再度將之列為犯罪。一九三〇年代以後，逐漸出現明確彰顯同性戀的文學作品，惹內的處女作獲得考克多推薦，引發了廣大迴響。

田納西・威廉斯

Tennessee Williams

在回憶錄中表白
同性經驗的究極花花公子

生卒年
1911～1983年

出身地
美國密西西比州

類型
攻

繪師／シキユリ

Men's 人物介紹 Profile

將悲慘家庭中的感受反映於劇作當中

威廉斯是美國二十世紀的代表性劇作家。兒時的他是位極度膽小內向的少年，父親酗酒，時常動粗，與他關係親近的姊姊蘿絲患有精神疾病。後來姊姊接受腦白質切除手術，給威廉斯帶來重大打擊，對他未來纖細的創作風格影響甚鉅。

威廉斯沉溺於詩作，一邊打工一邊寫作劇本，後來以作品獲獎為契機，與紐約一位精明優秀的經紀人合作，獲得出道機會。他以姊姊蘿絲為女主角原型，寫成《玻璃動物園》、《慾望街車》兩部劇本，上演後大獲成功，兩部作品皆改拍成電影。

BL 男色逸話 Episode

晚熟少年搖身一變為男色狂熱

學生時代，威廉斯面對向他求取肉體的男性室友，只能渾身發抖，不知所措。然而成為聲名遠播的劇作家之後，他卻有如色情狂般頻繁與男人上床，在街頭屢次搭訕美青年，交涉好金額便帶進旅館。

在這種狀況下，威廉斯三十六歲時，對較他年輕十一歲的弗朗克一見鍾情，就此結為共度一生的戀人。兩人同居約十四年後，雖然因性生活不睦而短暫分開，但得知弗朗克罹癌、僅剩半年性命之後，威廉斯與他言歸於好，伴他度過餘生。弗朗克辭世後，威廉斯開始沉溺於酒精與毒品。六十四歲發表的《回憶錄》當中，赤裸裸記載了他的男色經歷。

時代背景

戰後的美國將同性戀與共產主義者同等看待，吹起一陣「同性戀狩獵」旋風，亦有官員因此遭到解雇。不過從一九五〇年代開始，爭取平權的同志團體紛紛出現，到了一九七〇年代威廉斯出版《回憶錄》的時候，已經開始出現激進的社會運動。

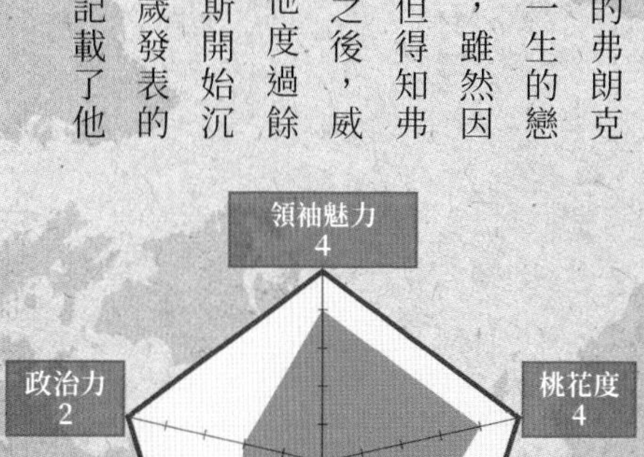

領袖魅力 4
桃花度 4
知性 3
富裕度 4
政治力 2

楚門·卡波提

討長輩歡心的外貌與機智
一躍而成社交界寵兒

生卒年
1924～1984年

出身地
美國
路易斯安那州

類型
受

繪師／時々

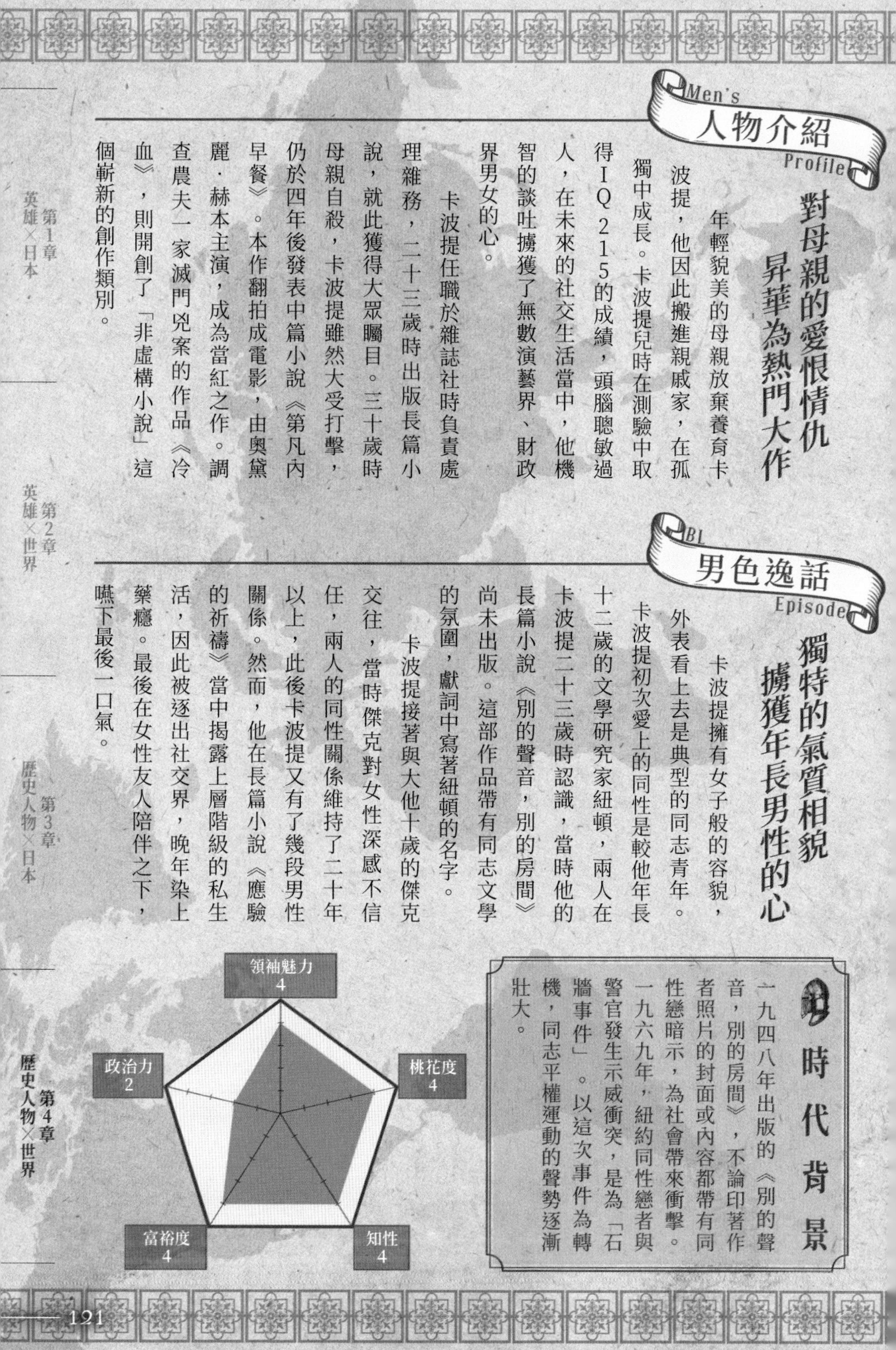

Men's 人物介紹 Profile

對母親的愛恨情仇 昇華為熱門大作

年輕貌美的母親放棄養育卡波提，他因此搬進親戚家，在孤獨中成長。卡波提兒時在測驗中取得IQ215的成績，頭腦聰敏過人，在未來的社交生活當中，他機智的談吐擄獲了無數演藝界、財政界男女的心。

卡波提任職於雜誌社時負責處理雜務，二十三歲時出版長篇小說，就此獲得大眾矚目。三十歲時母親自殺，卡波提雖然大受打擊，仍於四年後發表中篇小說《第凡內早餐》。本作翻拍成電影，由奧黛麗．赫本主演，成為當紅之作。調查農夫一家滅門兇案的作品《冷血》，則開創了「非虛構小說」這個嶄新的創作類別。

BL 男色逸話 Episode

獨特的氣質相貌 擄獲年長男性的心

卡波提擁有女子般的容貌，外表看上去是典型的同志青年。卡波提初次愛上的同性是較他年長十二歲的文學研究家紐頓，兩人在卡波提二十三歲時認識，當時他的長篇小說《別的聲音，別的房間》尚未出版。這部作品帶有同志文學的氛圍，獻詞中寫著紐頓的名字。

卡波提接著與大他十歲的傑克交往，當時傑克對女性深感不信任，兩人的同性關係維持了二十年以上，此後卡波提又有了幾段男性關係。然而，他在長篇小說《應驗的祈禱》當中揭露上層階級的私生活，因此被逐出社交界，晚年染上藥癮。最後在女性友人陪伴之下，嚥下最後一口氣。

時代背景

一九四八年出版的《別的聲音，別的房間》，不論印著作者照片的封面或內容都帶有同性戀暗示，為社會帶來衝擊。一九六九年，紐約同性戀者與警官發生示威衝突，是為「石牆事件」。以這次事件為轉機，同志平權運動的聲勢逐漸壯大。

琳瑯滿目！

BL小說指南

Boys Love Novel Book Guide

知名作家撰寫的作品當中，描寫男男戀情者不在少數。在此介紹從文學角度、BL角度看來都十分出色的文學作品。

《心》

夏目漱石

集英社文庫出版

在鎌倉的海岸邊，主角「我」邂逅了一位比自己年長的男性「老師」，故事就此揭開序幕。第一次見面，老師的一舉一動便牢牢吸引「我」的目光。根據「我」的說法，這是「好奇心使然」，但是隔天以後，「我」眼裡仍然只有老師一人，最後甚至追著老師下水游泳。本人雖然沒有自覺，但這些行動並不只是好奇，明顯是出於戀慕之情。

另一方面，老師似乎注意到了「我」的感情。老師先是問主角，「你想不想談戀愛？」接著告訴主角，他已經在為愛採取行動了。

老師有位名叫K的摯友，可以看出老師對他懷著朋友以上的感情。隨著詮釋方法不同，《心》這部作品能產生各式各樣的解讀，從BL的角度看來也堪稱是一部名作。

〈少年〉

谷崎潤一郎

谷崎潤一郎早期的短篇作品。良家美少年塙信一性格懦弱，老是受人欺負；他與主角榮吉、榮吉的異母姊姊光子、塙家馬丁（照顧馬匹的傭人）的兒子仙吉，四名少年少女在塙家的倉庫小屋玩著不可告人的遊戲。本作描寫少年少女醉心於虐戀快感的情景，是富有谷崎色彩的作品，不過從男色的角度看來也不乏誘人場景。

最具代表性的，是信一扮成野狼，襲擊扮演旅人的榮吉與仙吉那一幕。信一讓仙吉露出光溜溜的屁股，撲上他背後，裝作大口啃食的樣子。榮吉一想到自己也要遭遇同樣的下場，心中騷動不已。信一「濕潤的唇瓣與滑溜的舌尖」舔上榮吉的鼻子，榮吉在愉悅之中初嘗任人擺布的歡愉。

想一嘗性慾倒錯、男色萌芽滋味的讀者，絕對不能錯過這部作品。

新潮文庫出版
（此短篇作品收錄於本書中）

《少年》

川端康成

獲得諾貝爾文學獎的川端康成，也留下了這部以男色為主題的作品《少年》。而且這不是單純虛構的小說，而是以自己過去的紀錄為底寫成的「真人實事」。

中學時代，川端有位同學名叫清野，是與他同住一間宿舍的室友。兩人關係匪淺，不僅每晚相擁入眠，而且還在夜裡接吻、彼此愛撫。川端並未隱瞞這段感情，表明這是自己的初戀。

雖然兩人是睡在同一張床上、溫暖彼此的關係，但川端與清野從未跨越最後一道防線。不只是因為兩人都沒有勇氣，或許也是因為他們都不想玷汙彼此的緣故。這種柏拉圖式的ＢＬ描寫，充滿了青春的酸甜滋味。

《孤島之鬼》

江戶川亂步

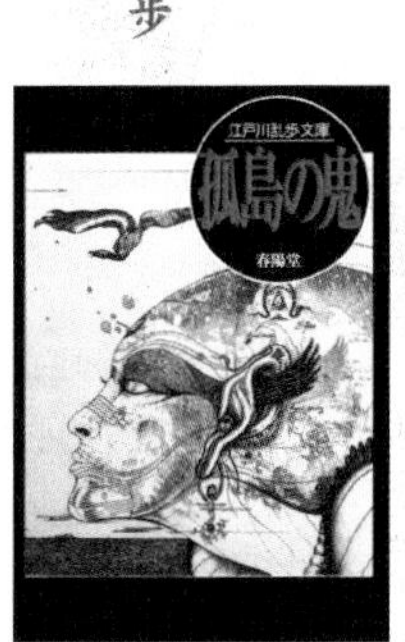

春陽堂書店出版

江戶川亂步不僅公開表明他的初戀對象是男性，而且世人也知道這位文豪是男色文獻的蒐集家。他的懸疑小說《孤島之鬼》可不只是虛構的男色，散發出「如假包換」的濃烈色香。

主角蓑浦金之助的未婚妻遭人殺害，誓言向兇手復仇。這時助他一臂之力的人，是暗戀蓑浦的俊美醫大生，諸戶道雄。

一天晚上，諸戶向蓑浦表白愛意。蓑浦一時陷入自己彷彿成了女人似的錯覺，不過仍然拒絕了諸戶。諸戶聽了，流著淚懇求蓑浦：「我與常人不同，求你不要輕蔑我。」

正是因為亂步瞭解「真正的同性愛」，才能將蓑浦與諸戶雙方的感受、感情寫得躍然紙上。附帶一提，據說與亂步一起蒐集男色文獻的畫家·岩田準一，就是諸戶的人物原型。

《燃燒的臉頰》

堀辰雄

筑摩書房出版

堀辰雄亦以吉卜力電影《風起》的原作者聞名，《燃燒的臉頰》是他發表於一九三二年的短篇小說。

故事主角剛滿十七歲，有一天，一位名叫三枝的同年級生搬進他的宿舍房間。透明得彷彿能看見靜脈的肌膚、瘦削的身體、薔薇色的臉頰，主角深受三枝的美貌吸引。有一次，主角發現三枝背上有一塊突起，他像是把玩象牙似地撫摩它，那是蘊含了思慕之情的愛撫。

到了暑假，兩人結伴旅行，主角卻迷上途中認識的農村女孩們，與三枝漸行漸遠。即使三枝捎來有如情書般熱情的信件，主角也不加理會。有一天，不幸的消息傳到主角耳中……。

即使放慢步調、細細閱讀，也能在一小時內讀完這部短篇小說，可說是非常適合BL文學入門的一部作品。

《草花》

福永武彥

新潮文庫出版

福永武彥的代表作品。作者不僅是詩人、法國文學專家，也是現代作家池澤夏樹的父親。

汐見茂思患了肺結核，住在療養院當中。一個下雪的日子，他自願接受一道近乎於自殺行為的手術，就此與世長辭。汐見留下了兩本筆記簿，其中記載著他的戀情。

汐見喜歡上比他小一個年級的少年，藤木忍。在弓道部的集訓合宿中，汐見向藤木告白，卻遭到拒絕，理由是因為藤木覺得自己無法愛人。

有一次，汐見與藤木搭乘的小船突然困在海上動彈不得。夜晚的海面上只聽得見波濤之聲，藤木抱住汐見，吐露真心：死亡臨頭的時候，也許我就能愛你了。然而，藤木最後仍然拒絕了單戀的汐見，年僅十八歲便撒手人寰。

《假面的告白》

三島由紀夫

新潮文庫出版

三島由紀夫的男同志身分，已是眾所周知的事實。理由不僅是三島有許多描寫男同性愛的作品，也是因為他對同性戀心理、行動的描寫十分巧妙細微。

當初在川端康成支持之下，三島以《煙草》一作登上文壇，這部出道作品便是以同性愛為主題。《假面的告白》於《煙草》之後三年問世，影響不僅限於文壇，更衝擊整個社會。

本作為半自傳性質的小說，描寫同志青年對自己過去的回想。主角對不良青年近江心懷憧憬，在一個下雪天裡與近江打鬧廝混，墜入情網，過程描寫充滿難以言喻的誘惑。沒有人知道哪些部分是三島本人的體驗，哪些又是虛構，是名副其實的「假面」告白。

《美童》

山崎俊夫

與江戶川亂步一同蒐集男色文獻的畫家．岩田準一，大加讚揚山崎俊夫的作品，指其為稀世少有、基於眾道（此指男色）精神撰寫的小說集。

這本《美童》彙集了山崎的短篇，也收錄許多男色主題作品。〈如月〉講述歌舞伎中扮演女角的「女形」少年，與俊美少年發展出男性之間的愛情；〈鬱金櫻〉的主角是老藥舖店主的兒子，故事講述他日漸受到光臨藥舖的畫家之子吸引；〈耶穌降誕祭前夜〉則描述一位教會學校的少年，與金髮碧眼的混血少年培養出友誼等等。作者描寫男人之間的心靈交會，筆調時而淫靡、時而爽朗。

部分山崎俊夫作品已經難以取得，不過山崎的BL文學都是傑作，知名作家菊池寬也給予相當高的評價，有興趣的讀者務必一試。

奢灞都館出版

《不歸之夏》

加賀乙彥

本作背景為第二次世界大戰時的日本，描寫少年進入軍方幼年學校就讀，內心產生的糾葛與痛苦，為谷崎潤一郎獎得獎作品。

軍國主義教育的思想統制，要求少年們為祖國而戰、以赴死為榮。然而即使生活在戰爭時期，他們仍然是思春期的男孩；即使關在接觸不到女人的封閉空間，性慾仍然高漲。本作主角鹿木也不例外，他與名為源的美少年發展出戀愛關係。愛情在他人耳目不能及之處日漸茁壯，源離開幼年學校的那一天，兩人終於結下肉體關係。後來，日本戰敗隔天，鹿木與深愛的源攜手，採取了某項行動……。

少年們生於極度扭曲的戰爭時代，仍然活得耿直、愛得坦率，他們專注一意的真心是如此動人。

加賀乙彦
帰らざる夏

講談社文藝文庫出版

參考文獻

「マンガ日本史27　足利尊氏」（朝日新聞出版）
「マンガ日本史28　足利義満」（朝日新聞出版）
「マンガ日本史29　観阿弥・世阿弥」（朝日新聞出版）
「秘花」瀬戸内寂聴（新潮文庫）
「風姿花伝・三道」世阿弥　竹本幹夫・訳注（角川ソフィア文庫）
「平家物語」吉川英治（吉川英治歴史時代文庫）
「美少年日本史」須永朝彦（国書刊行会）
「なぜ闘う男は少年が好きなのか」黒澤はゆま（ＫＫベストセラーズ）
「日本男色物語」武光誠 監修（カンゼン）
「図説　ホモセクシャルの世界史」松原國師（作品社）
「旧約聖書と現代」大島力（ＮＨＫライブラリー）
「旧約聖書Ｖ　サムエル記」旧約聖書翻訳委員会・訳（岩波書店）
「《青髭》ジル・ド・レの生涯」清水正晴（現代書館）
「ブリタニカ国際大百科事典」（ブリタニカ・ジャパン）
「中国帝王図」（徳間書店）
「大辞泉」（小学館）
「大辞林」（三省堂）
「中国性愛文化」劉達臨・鈴木博 訳（青土社）
「日本大百科全書（ニッポニカ）」（小学館）
「霍去病」塚本青史（河出文庫）
「宦官　側近政治の構造」三田村泰助
「世界大百科事典」（株式会社日立ソリューションズ・クリエイト）
「文豪図鑑　あの文豪の素顔がわかる」（自由国民社）
「ヒミツのＢＬ日本史」喜多八しゃも歳三（幻冬舎コミックス）
「現代語訳西鶴全集（三）男色大鑑」（小学館）
「前橋文学館　パノラマ・ジオラマ・グロテスク　江戸川乱歩と萩原朔太郎」
「コロナ・ブックス　江戸川乱歩」太陽編集部（平凡社）
「「文豪」がよくわかる本」福田和也 監修（宝島社）
「図説アレクサンドロス大王」森谷公俊　鈴木革（河出書房新社）
「食卓の賢人たち」アテナイオス　柳沼重剛 訳（岩波文庫）
「アレクサンドロスと少年バゴアス」メアリ・ルノー　堀たほ子 訳（中央公論新社）
「ローマ皇帝伝」スエトニウス　国原吉之助 訳（岩波文庫）
「ローマ帝国人物列伝」木村凌二（祥伝社新書）
「世界ボーイズラブ大全」桐生操（文春文庫）
「両性具有の美」白洲正子（新潮文庫）
「ジャンヌ・ダルク」リュック・ベッソン（ＫＡＤＯＫＡＷＡ／角川書店）
「カトリーヌ・ド・メディシス」ネーミファースト 千種堅 訳（中央公論新社）
「戦国時代用語辞典」外川淳 編者（学習研究社）
「英国王室史話」森護（中公文庫）
「ヴェルサイユ」鹿島茂（ＫＡＤＯＫＡＷＡ）
「ヴェルサイユの異端公妃―リーゼロッテ・フォン・デァ・プファルツの生涯」
宮本絢子（鳥影社）
「フリードリヒ大王　啓蒙君主のペンと剣」飯塚信雄（中公新書）
「童貞の世界史　セックスをした事がない偉人達」松原左京　山田昌弘（パブリブ）
「新ＢＬ日本史」堀五朗 九州男児（幻冬舎コミックス）
「平安朝の女と男」服藤早苗（中公新書）
「ビギナーズ・クラシックス　おくのほそ道」（角川ソフィア文庫）
「マンガ日本史１０１　ヤマトタケル」（朝日新聞出版）
「戦国武将　群雄ビジュアル百科」二木謙一 監修（ポプラ社）
「現代語訳　信長公記」太田牛一 中川太古（新人物文庫）
「聴く歴史・戦国時代『人事と治世の天才・武田信玄』」童門冬二（ことのは出版）
「伊達政宗の手紙」佐藤憲一（新潮選書）
「九度山秘録」黒澤はゆま（河出書房新社）
「マンガ日本史52　徳川家光」（朝日新聞出版）
「三島由紀夫　剣と寒紅」福島次郎（文藝春秋）
「昭和史　戦後篇」半藤一利（平凡社）
「新書漢文大系21　世説新語」目加田誠　長尾直茂 編（明治書院）
「少年愛の連歌俳諧史　菅原道真から松尾芭蕉まで」喜多唯志（沖積舎）
「耽美小説・ゲイ文学ブックガイド」柿沼瑛子・栗原知代編著（白夜書房）

國家圖書館出版品預行編目資料

男色英雄圖鑑 / 開發社 編；簡捷 譯. --初版. --臺北市：平裝本, 2019.06
面；公分. --（平裝本叢書；第484種）
（散・漫部落；21）
譯自：男色英雄図鑑
ISBN 978-986-96903-7-9(平裝)
1.男性 2.人物志 3.漫畫
781　　　　　　　　108006930

平裝本叢書第484種
散・漫部落 21

男色英雄圖鑑

男色英雄図鑑

作　　者—開發社（編）
譯　　者—簡捷
發 行 人—平雲
出版發行—平裝本出版有限公司
台北市敦化北路120巷50號
電話◎02-27168888
郵撥帳號◎18999606號
皇冠出版社(香港)有限公司
香港銅鑼灣道180號百樂商業中心
19字樓1903室
電話◎2529-1778　傳真◎2527-0904
總 編 輯—許婷婷
美術設計—嚴昱琳
著作完成日期—2018年
初版一刷日期—2019年6月
初版二刷日期—2022年10月
法律顧問—王惠光律師

讀者服務傳真專線◎02-27150507
電腦編號◎510021
ISBN◎978-986-96903-7-9
Printed in Taiwan
本書定價◎新台幣320元/港幣107元